NEIBU KONGZHI ZHENGFU ZHICHI ZHENGCE
YU QIYE JISHU CHUANGXIN

内部控制、政府支持政策与企业技术创新

中山大學出版社
SUN YAT-SEN UNIVERSITY PRESS
·广州·

图书在版编目（CIP）数据

内部控制、政府支持政策与企业技术创新/唐华著．—广州：中山大学出版社，2023.12

ISBN 978-7-306-07765-3

Ⅰ．①内…　Ⅱ．①唐…　Ⅲ．①企业内部管理—影响—企业创新—研究—中国 ②政策支持—影响—企业创新—研究—中国　Ⅳ．①F279.23

中国国家版本馆 CIP 数据核字（2023）第 046123 号

出 版 人：王天琪
策划编辑：翁慧怡
责任编辑：翁慧怡
封面设计：曾　婷
责任校对：刘　丽
责任技编：靳晓虹
出版发行：中山大学出版社
电　　话：编辑部 020-84110283，84113349，84111997，84110779，84110776
　　　　　发行部 020-84111998，84111981，84111160
地　　址：广州市新港西路 135 号
邮　　编：510275　　传　　真：020-84036565
网　　址：http://www.zsup.com.cn　E-mail：zdcbs@mail.sysu.edu.cn
印 刷 者：广州方迪数字印刷有限公司
规　　格：787mm×1092mm　1/16　11.5 印张　196 千字
版次印次：2023 年 12 月第 1 版　2023 年 12 月第 1 次印刷
定　　价：58.00 元

如发现本书因印装质量影响阅读，请与出版社发行部联系调换

目　　录

第一章　绪　　论

一、研究背景

（一）现实背景

企业创新已经成为当前中国经济高质量发展的重要驱动力。如何激发企业技术创新活力，成为提高中国上市公司持续竞争力并推动其进入全球价值链竞争的核心所在。党中央和国务院高度重视企业技术创新的政策扶持与引导，党的十八大报告提出要实施创新驱动发展战略，党的十九大报告提出创新是引领发展的第一动力，党的二十大报告提出要完善科技创新体系。此外，党中央和国务院还出台了一系列政策文件，陆续颁布了《国家创新驱动发展战略纲要》《中共中央　国务院关于深化体制机制改革加快实施创新驱动发展战略的若干意见》《深化科技体制改革实施方案》等一系列政策文件。

据世界知识产权组织（World Intellectual Property Organization，WIPO）正式发布的《2022 年全球创新指数报告》，中国在全球创新指数中的排名从 2021 年的第 12 位上升至 2022 年的第 11 位（见表 1－1），稳居中高收入经济体之首。该排名中前 5 位分别是瑞士、美国、瑞典、英国和荷兰。国家知识产权局副局长胡文辉表示，党的十八大以来，中国的排名连续第 10 年稳步上升，已经提升了 23 位，这展示出我国知识产权综合实力和科技创新能力的显著进步，也印证了我国贯彻新发展理念、实施创新驱动发展战略所取得的巨大成就。[①]

---

① 参见《国家知识产权局：中国在全球创新指数报告中 9 项指标排名全球第一》，澎湃新闻百度百家号，2022 年 10 月 9 日，见 https://baijiahao.baidu.com/s?id=1746183411549970821&wfr=spider&for=pc。

表1－1　2022年全球创新指数排名Top 20①

2022排名	国家与地区	2021年排名	两个年度相比
1	瑞士	1	—
2	美国	3	↑
3	瑞典	2	↓
4	英国	4	—
5	荷兰	6	↑
6	韩国	5	↓
7	新加坡	8	↑
8	德国	10	↑
9	芬兰	7	↓
10	丹麦	9	↓
11	中国	12	↑
12	法国	11	↓
13	日本	13	—
14	中国香港	14	—
15	加拿大	16	↑
16	以色列	15	↓
17	奥地利	18	↑
18	爱沙尼亚	21	↑
19	卢森堡	23	↑
20	冰岛	17	↓

研发投入的强度，即研发经费投入与国内生产总值之比，不仅反映了一个国家对研发活动的资金支持力度，也在很大程度上体现了经济转型升级的进程和高质量发展的水平。根据国家统计局、科技部、财政部发布的《2021年全国科技经费投入统计公报》，中国研发经费的投入强度从2012年的1.91%提高到了2020年的2.44%，排名世界第13位，超过了法国

① 参见《WIPO中国：中国GII接近前十，动荡时期需要由影响力驱动创新》，WIPO中国办事处百度百家号，2022年9月29日，见https://baijiahao.baidu.com/s?id=1745289552827641714&wfr=spider&for=pc。

(2.35%)、英国(1.71%)等国家。这表明，我国的研发投入的强度达到了创新型国家的水平。这一水平居发展中国家之首，高于欧盟的平均水平(2.2%)，略低于经济合作与发展组织(Organization for Economic Co-operation and Development，OECD)国家的平均水平(2.68%)[①]。

2020年，中国全社会的研发经费投入再创新高，达2.8万亿元，较2019年增长了14.6%，2011年至2020年，年均增长为12.2%。作为全球第二大研发经费投入经济体，中国的研发投入连续6年保持两位数的增长，为全球研发经费增长做出了重要贡献。在各项研发经费中，基础研究的投入增速尤其快。2020年，全国基础研究经费达1817亿元，比2019年增长23.9%，相较2011年至2020年基础研究投入15.2%的年均增速，增幅较为突出。[②] 2012年至2021年，国家知识产权局累计授权发明专利395.3万件，年均增长13.8%，累计注册商标3556.3万件，年均增长25.5%，其中，原创性程度相对较高的发明专利申请和授权占比小幅下降。[③]

从研发活动主体看，企业、政府属研究机构、高等学校经费所占比重分别为76.9%、13.3%和7.8%。2020年，企业研发经费规模超过了2万亿元，成为保障全社会研发经费增长的主导力量。分产业部门看，高技术制造业研发经费为5684.6亿元，投入强度(研发经费投入与营业收入之比)为2.71%，比上一年提高了0.05%。在规模以上工业企业中，研发经费投入超过千亿元的行业大类有5个，其经费投入占比为51.2%。这5个研发投入超过千亿元的行业分别为计算机、通信和其他电子设备制造业，电气机械和器材制造业，汽车制造业，通用设备制造业，专用设备制造业。[④]

由最新的全球创新指数报告和统计局发布的全国科技经费投入统计公报提供的数据可知，我国在全球的创新竞争力及在国内的研发力度正逐步提升，这反映了近年来我国的创新能力建设取得了显著成效。《2021年全国科技经费投入统计公报》显示，从研究与试验发展(research and devel-

---

① 参见杨舒《如何看研发经费投入持续增长：专家解读〈二〇二一年全国科技经费投入统计公报〉》，载《光明日报》2022年9月2日第10版。

② 参见佘惠敏《我国研发投入何以再创新高》，载《经济日报》2022年9月5日第1版。

③ 参见张亚雄、袁于飞《这十年，我国知识产权事业取得历史性成就》，载《光明日报》2022年10月10日第4版。

④ 参见佘惠敏《我国研发投入何以再创新高》，载《经济日报》2022年9月5日第1版。

opment，R&D）经费投入构成看，2020 年企业投入的研发资金占 R&D 经费的比重近 80%，企业仍是研发投入经费的主要来源和创新主力军。企业层面的研发投入是技术进步和经济增长的关键（Lucas，1988；Romer，1990）。然而，创新活动的不确定性和外部性在一定程度上制约了企业研发投入的积极性（郭玥，2018），仅靠市场资源配置难以满足企业研发的资金需求，政府干预是解决企业研发资金短缺的有效举措（Samuelson & Nordhaus，1985）。自 20 世纪 80 年代以来，各国政府普遍对技术创新给予了直接的财政补贴。例如，美国的计算机、日本的超大规模集成电路、印度的医药及我国的新能源汽车等产业的研发活动，都曾获得了政府的补贴扶持。但是，创新扶持政策的有效性一直存在争议。例如，上市公司为获得补贴所进行的寻租活动，以及补贴导致光伏、锂电池和钢铁等行业出现过度投资与产能过剩的现象，等等，都表明关于政府创新补贴政策能否实现促进企业技术创新的这一预期目标存在着争议（贺炎林等，2022）。另外，根据国家税务总局的数据，截至 2021 年 6 月，我国针对创新创业的主要环节和关键领域陆续推出了 102 项税费优惠政策措施。[①] 从融资角度看，所得税减免额是支持企业研发活动的一种外部融资资金（陈红等，2019）。那么，政府创新支持的财税政策是否真的有效，又会如何影响企业的创新产出和绩效呢？这是值得深入探索的重要问题。对上述实践及理论问题的认识，不应仅限于将政府支持分为财政补贴和税收优惠等不同的支持方式，还要考察不同的政府支持方式对企业技术创新影响的差异（曾萍等，2016）。在经济高质量发展的大背景下，深入考察政府支持对企业技术创新影响的情境因素，如所有制性质、地区发展水平及企业内部管理等，可能是提升政府财税支持政策效能的重要思路。

企业技术创新的效果离不开企业内部风险管理过程。2010 年，财政部颁布的《企业内部控制应用指引第 10 号——研究与开发》提出，可以通过科学的风险管控来有效降低创新活动中的研发风险，提高企业的自主创新能力。内部控制政策在上市公司已实施 10 余年，其风险管理的控制程度是否有助于企业技术创新的产出，是否能协同政府创新支持的政策工

① 参见《“大众创业 万众创新”税费优惠政策指引》，国家税务总局网，2022 年 5 月 21 日，见 http://www.chinatax.gov.cn/chinatax/n810341/n810825/c101434/c5175498/content.html。

具促进企业的创新行为，厘清上述问题有助于政府更好地发挥其支持创新的政策工具的杠杆作用，引导企业合理使用内部和外部创新资金，并为企业更好地适应创新驱动发展的需要提供理论支撑，为我国上市公司的高质量发展提供借鉴和参考。

（二）理论背景

一方面，企业的技术创新活动具有风险高、耗时长、不确定性强等特征，研发管理者与研发参与者之间存在信息不对称的问题，而且未必所有的研发活动都有产出，再加上研发投入活动的评判标准存在较大的主观性，这容易使与研发相关的管理人员出现逆向选择和道德风险问题；另一方面，企业技术创新的知识具有溢出性特征，加上出于知识产权保护的考虑，致使外部投资者与企业之间存在技术创新活动方面的信息不对称的问题。上述原因通常使企业自身较难吸引到外部创新资金用于自主创新。在完全由市场主导的情况下，技术创新的信息和资源投入不能完全满足创新需要，因此，政府的调节机制就尤为重要（Arrow，1962；Samuelson & Nordhaus，1985；韩寅，2015）。财政补贴有助于解决创新的正外部效应导致的市场失灵（Karhunen & Huovari，2015）。中国政府连续出台了一系列政策，强化政府的普惠性政策支持，期望能达到刺激企业创新活动的目的（许瑜、高敏，2019）。

一般而言，政府支持企业创新的投入表现在采用财政补贴和税收优惠等激励性政策工具上（Lee，1996；Aghion et al.，2012）。在已有文献中，学界从不同角度对财政补贴或税收优惠的激励作用展开了研究，主要形成了三种观点：一是财政补贴或税收优惠能够促进企业创新（陈玲、杨文辉，2016；Guo et al.，2016；尚洪涛、黄晓硕，2018；伍健等，2018）。二是财政补贴或税收优惠会抑制企业创新（廖信林等，2013；Yu et al.，2016；李万福等，2017）。三是财政补贴对企业创新具有非线性影响，补贴存在最优额度（毛其淋、许家云，2015；李晓钟、徐怡，2019；成琼文、丁红乙，2021；郑玉，2020；吴伟伟、张天一，2021）。财政补贴对企业创新影响机制的理论逻辑，主要可以分为资源属性（资源获取）和信号属性（信号传递）两个渠道（杨洋等，2015；伍健等，2018）。

其中，多数研究认为，政府政策支持对企业创新具有显著影响，可激励企业提高自主研发的支出水平（陈玲、杨文辉，2016）。但是，相关研究在技术创新的指标选取视角上各有不同，有的将研发投入作为技术创新的衡量指标（Hud & Hussinger，2015；Hottenrott et al.，2017；Florian，2020），有的将创新产出作为衡量指标，如申请专利数量（Guo et al.，2016；陈远燕等，2018）、授权专利数量（吴超鹏等，2016），还有的使用创新的相对指标进行测度，如创新效率（王一卉，2013；尚洪涛、黄晓硕，2018）。关于税收优惠的激励效果研究也是如此（Czarnitzki et al.，2011）。

已有研究虽然强调了财政补贴促进生产研发的内在过程（白俊红、李婧，2011）和对企业策略性创新产出的影响（黎文靖、郑曼妮，2016），但忽略了影响财政补贴使用效果的企业内部管理因素。例如，企业在研发过程中可能遇到事前研发计划未经科学论证、事中对研发过程管理不善、事后对研发成果转化和应用不足等情况（王运陈等，2015）。从降低研发风险角度看，内部研发环境侧重实施有利于开展创新活动的激励因素，鼓励从事创新的员工积极创新；在企业的信息系统与沟通环节方面，企业会强化领导与员工、员工与员工间的良性沟通和信任，并高度重视员工的创新意识及创新成果。若有较为完善的风险评估管理体系，高层领导能积极承担和实施创新风险管理，则会降低、分担和规避创新风险（刘新民等，2006）。另外，还要观察财政补贴的使用渠道和权限是否受到企业内部管理制度的约束，是否会影响创新产出的质量和创新效率。

二、问题的提出

尽管关于政府支持政策效应的研究不少，但仍存在以下亟待解决的问题。

首先，政府的创新支持政策的有效性具有不确定性。政府机构作为企业外部网络中影响力最大、最为复杂且最难预测的重要构成要素，其对企业的创新行为的影响具有显著的不确定性（许瑜、高敏，2019）。有研究发现，政府支持政策对企业的创新行为具有促进作用的同时，也会产生挤出效应。因为政府支持政策所使用的时间不同，应用的行业不同，且有不同的控制条件，所以产生不同的激励效应。同样，政府不同的支持方式（如财政补贴、税收优惠等）的单一效果和组合效果是否存在差异，目前也还不明晰。

其次，企业技术创新的测度指标的不同在一定程度上也决定了研究结论的不一致性。有些学者关注的是政府支持政策对企业的研发投入、专利申请（产出）或创新效率等单一要素，关于政府支持政策对企业创新质量和绩效的直接影响的对比研究不足。目前，在全民重视创新的背景下，要扭转企业“重创新投入数量，轻投入转化质量”的现象，理论界和实务界不仅要重视产出，更要重视产出的质量和效率，以及相关的创新机制。

最后，在两权分离的现代企业中，企业内部的治理环境和管控水平在一定程度上影响着企业从研发投资计划、研发项目过程到研发产品实现的全过程，最终作用于创新产出。本书将关注以下三个问题：第一，内部控制是否会促进政府支持政策的创新激励效应？第二，内部控制促进政府支持政策的创新激励效果是否受到产权性质的影响？第三，不同内部控制目标对政府支持政策的创新激励的影响结果是怎样的？本书的研究成果在落实和完善创新支持政策、加强政府扶持监管及提升企业内部管理水平等方面具有重要的借鉴意义。

本书提到的政府支持政策主要指政府支持企业创新发展的政策（详见第三章），包括财政补贴政策和税收优惠政策。政府财税支持政策的总体实施效果究竟如何？政府创新支持的财政补贴对企业技术创新究竟是会促进创新产出数量的快速增长，还是会形成创新产出的质量导向？另外，对企业创新的投入产出比是否有影响？如果有，不同的政府支持政策的单一实施激励效果和组合实施激励效果是否存在差异？而来源于政府创新支持资金这种外部资金的激励效果是否会受内部控制这一内部治理因素的影响？这些问题的答案不仅涉及政府支持政策的政策评估，更关系到如何完善科技创新体制机制及优化公共资源配置效率。

三、研究思路与研究内容

（一）研究思路

本书试图以微观企业的内部控制的质量为切入点，根据我国政府的创新支持政策的选择性特征，考察内部控制协同政府创新政策促进企业技术创新的实施效果及其作用机制。本书的具体研究工作如下：第一，分析政府创新支持的财税政策对企业技术创新的影响。从资源基础理论出发，探讨政府创新支持资金发挥资源属性的作用，是否能促进企业的创新投入、提升创新产出。例如，分析受政策激励的企业在获得的财政补贴或税收优惠增加时，其创新产出增加的程度，以及创新产出的质量高低。第二，扩展研究深度，采用逐步递进的方法研究两种支持政策在单一方式和组合方式下对企业技术创新的影响及其机制。第三，从广度方面，研究内部控制有效提升政府支持资金使用效率的机理，利用迪博内部控制指数考核内部控制质量，验证相关假设，并进一步考察内部控制制度与政府创新支持的财税政策对公司技术创新产出的数量、质量和效率的影响，考察内部控制制度与政府创新支持的财税政策对具有不同的产权性质和处于不同发展水平地区的企业所产生的激励效果是否存在差异。第四，研究内部控制如何提升政府创新支持资金的使用效率，即内部控制质量对上述影响的调节作用机理。从内部控制的四个目标（战略目标、经营目标、报告目标和合规目标）入手，考察四个目标分别起到的调节作用的程度是否存在差异。第五，分析企业研发投入在政府创新支持资金的激励下，自身发挥的作用能有多大，通过分析政府创新政策—研发投入—企业创新产出的路径，考察研发投入的作用渠道是否有效。本书的研究结论对提高政府创新支持资金的配置效果和效率、推动企业技术创新产出具有重要的借鉴意义。

（二）研究内容

全文共分为八章，具体内容如下。

第一章，绪论。在绪论部分，首先通过引入研究的现实背景，结合目前学术界对研究现实问题的需求，从总体上概括国内外学者的学术成果，进而理顺后续的研究框架，提出研究问题的关键；其次，对本书研究所采用的主要方法、研究思路进行阐述；最后，分析总结本书的预期创新与研究贡献。

第二章，文献综述。在该部分，回顾国内外关于政府支持政策的激励效应，即财政补贴和税收优惠对公司技术创新影响的相关研究，财政补贴和税收优惠的单一激励效应和比较研究，以及内部控制对企业技术创新影响的相关研究，并在对已有研究成果进行综合述评的基础上提出本书的研究目标和侧重点。

第三章，概念界定与理论基础。经过对前述研究问题的梳理，首先，该章对研究问题中涉及的变量概念进行明确的界定，这些核心变量包括政府支持政策、财政补贴、税收优惠、企业研发投入、技术创新、创新产出质量和效率、策略性创新与实质性创新、内部控制等。其次，详尽阐述内部控制协同政府支持政策对企业技术创新影响的基础理论，包括政府干预理论、委托代理理论、信息不对称理论和资源基础理论等，为全书的理论与实证分析奠定理论基础。

第四章，政府支持政策与企业技术创新的实证分析。通过对财税政策与企业技术创新的关系进行理论分析，提出该章的研究假设，并进一步对变量的测度构建回归模型，完成了样本的选择，再通过 STATA15.0 进行描述性统计、相关性分析、多元回归分析，检验单一财税政策对公司技术创新产出的数量、质量和效率的影响，还进行了财税政策并行对技术创新的影响的研究及其稳健性测试。

第五章，内部控制调节下的财税政策激励效应研究。该章首先基于资源基础理论，分析内部控制质量在政府财税支持政策中发挥的作用，发现政府财税支持政策对企业技术创新的影响很重要。其次，该章提出研究假设，构建相关的回归模型，并进行多元回归分析，探讨内部控制对政府财税支持政策的创新激励效应的影响。最后，通过对创新产出数量、质量和效率的分析，厘清内部控制的调节差异，还结合产权性质，研究了在国有企业与非国有企业中的内部控制整体有效性的差异，以及不同内部控制目标下动态调节作用的差异。

第六章，政府支持政策激励技术创新的作用路径研究。该章的研究目标在于研究财税政策的内外管理协调对企业技术创新产生影响的路径机制。首先进行理论分析，并进一步提出了研究假设，分析财政补贴和税收优惠在内部研发投入中的中介作用（发挥创新激励的作用），以及内部控制在作用渠道中的调节机制。该章的研究填补了现有关于政府财税支持政策扶持下内部控制对企业技术创新产生影响的路径机制的研究，不仅能厘清政府财税支持政策如何通过研发投入影响企业的创新数量和效率，并且提供了实证参考证据，还能为注册制改革下新监管规则和体系的构建提供政府财税支持政策层面的视角。

第七章，战略性新兴产业中财政补贴与企业创新的关系分析。该章以战略性新兴产业中的电子信息产业上市企业为例，研究财政补贴对企业创新的非线性影响。结果显示，财政补贴对企业创新具有双重门槛效应，且该效应具有地区差异性。该章最后提出财政补贴的发放应考虑财政补贴创新效应的门槛值的相关建议，这有利于最大限度发挥财政补贴对企业创新的促进作用。

第八章，研究结论与未来展望。该章通过总结全书的研究内容及相关的研究结论，对政府如何制定和修改支持政策及上市公司如何实施支持企业技术创新的政策提出了可供参考的启示，并在总结本书研究内容的局限性的同时提出未来的研究方向。

四、研究方法与技术路线

（一）研究方法

本书主要采用理论论证、数据援引、实证分析和比较分析等研究方法，探究企业内部控制制度以提高财政补贴（资源）的利用效率及制度和情境因素。具体方法如下。

1. 理论论证

通过文献检索、阅读和分析，系统梳理国内外有关政府创新支持的财税政策的研究文献，厘清研究依据的相关理论基础及作用机理。在理论上，依逻辑推导出财政补贴、税收优惠与企业创新能力的关系，以及内部控制的调节机制，并据此提出有关假设，以便进行进一步的实证检验，搭建研究的理论框架。

2. 数据援引

鉴于财政部在2012年修订通过了《事业单位会计准则》，本书选取2012—2019年为样本研究区间，收集研究的样本数据，并建立多维度指标体系衡量创新能力，具体为创新产出数量、质量和效率三方面的表现。研究数据分别来自迪博数据库、万德数据库和国泰安数据库。

3. 实证分析

鉴于专利申请数量为零的样本企业数量较多，政府在选择实施补贴对象中占主导地位，且存在非随机性，除采用普通最小二乘法的回归分析外，还采用泊松回归、负二项回归和工具变量法等检验政府支持政策对企业创新能力的激励效应，保证了研究结论的可靠性和有效性。另外，在综合分析上市公司创新产出的基础上，按企业产权属性进行分组和内部控制目标细分，研究不同性质主体和情境下内部控制对财政补贴的创新激励的调节效应，并提出相应的对策，以供参考。

4. 比较分析法

本书分析企业内部控制如何提高财税政策资金（资源）的利用效率及制度和情境因素，并进行以下比较研究：首先，通过研究财政补贴及税收优惠单独对企业实质性创新与策略性创新影响的差异，从质量方面探究政府创新资金的产出效果，并进一步探讨财政补贴和税收优惠并行实施对创新产出效果影响的差异，研究内容更为全面；其次，按照产权性质分组，并进行回归分析，检验不同所有制类别下内部控制对政府创新资金利用的效果和效率影响的差异；最后，将创新激励效应的产出影响因素扩展到内部控制四个目标层面，进一步丰富和深化本书的研究主题。

（二）技术路线

本书的技术路线大体遵循以下四个步骤：一是依据现实背景和理论背景提出研究问题；二是梳理文献综述，界定概念，奠定理论基础；三是针对研究内容提出研究假设与实证检验分析；四是总结研究结论，并提出未来展望。研究假设与实证检验部分主要包括三个方面研究内容，即政府支持政策和企业创新产出数量、质量与效率的关系研究，内部控制水平影响政府创新支持的财税政策的效应研究，以及内部控制水平影响政府支持政策的效应的路径研究。第一个研究内容主要分析企业接受的不同形式的政府创新支持资金的效果，包括对创新产出数量、质量和创新效率的影响，以及不同产权性质和不同地区发展水平下的政府创新支持资金的效果；第二个研究内容主要讨论公司内部风险管理水平在政府创新支持资金的支持效应下的影响机制；第三个研究内容是依托“政策—行为—绩效”的逻辑架构，识别政府支持政策促进企业创新行为的内在原理，即识别政府支持政策对企业研发的直接激励效果，以进一步促进企业创新产出。研究结论与未来展望部分主要包括研究结论、政策启示和研究局限。本书的技术路线见图 1 – 1。

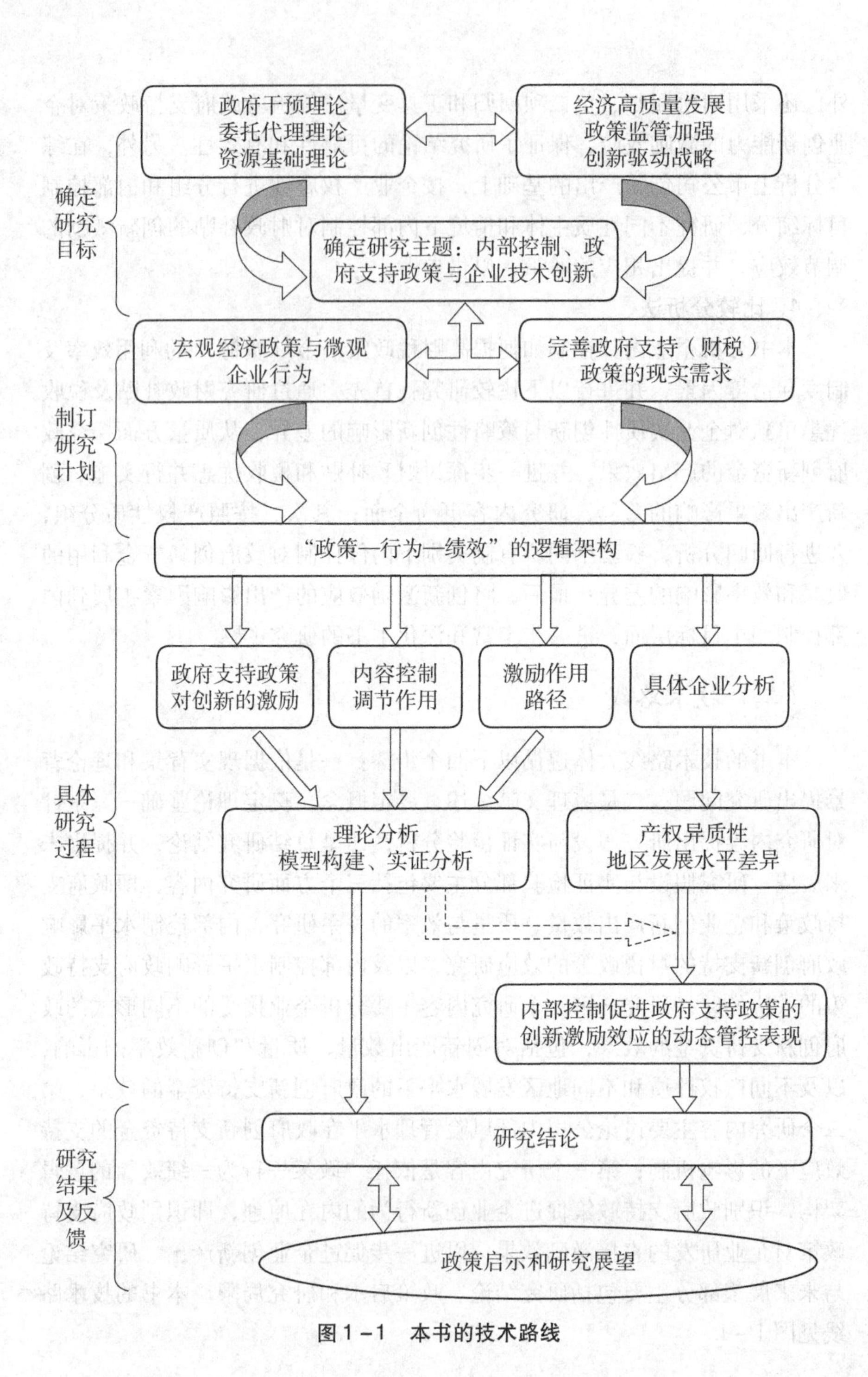
确定
研究
目标
政府干预理论
委托代理理论
资源基础理论
经济高质量发展
政策监管加强
创新驱动战略
确定研究主题：内部控制、政府支持政策与企业技术创新
制订
研究
计划
宏观经济政策与微观企业行为
完善政府支持（财税）政策的现实需求
"政策—行为—绩效"的逻辑架构
具体
研究
过程
政府支持政策对创新的激励
内容控制调节作用
激励作用路径
具体企业分析
理论分析
模型构建、实证分析
产权异质性
地区发展水平差异
内部控制促进政府支持政策的创新激励效应的动态管控表现
研究
结果
及反
馈
研究结论
政策启示和研究展望

图1-1　本书的技术路线

五、预期创新与研究贡献

本书以接受政府创新支持的上市公司为研究对象，以内部控制质量为调节机制，在此基础上分析政府支持政策、内部控制对企业技术创新能力的影响及作用机制，并进行实证分析研究。结合目前国内外的相关研究，本书的预期创新点和研究贡献如下。

（一）预期创新点

本书学习和借鉴了前人的相关研究成果，并在此基础上进行创新，主要创新点体现在以下三个方面。

首先，用多个指标衡量企业的创新能力，丰富了关于政府财税支持政策的利用效果和利用效率的文献研究。笔者将研究情境设在企业全面完善内部控制建设的转型过程中，从创新产出数量、质量和效率来考察财政补贴、税收优惠、内部控制对专利申请数量、实质性创新产出和策略性创新产出及创新效率的激励效应，丰富了现有研究中关于企业创新能力的研究。

其次，本书将所有制效应的不对称性考虑了进来，分析内部控制对政府财税支持政策和企业技术创新能力的调节作用。在存在企业所有制形式多样化的新兴经济体等特殊情境的背景下，尽管已有国内研究者考察了所有制对企业技术创新的调节作用（刘虹等，2012；杨洋等，2015），但并没有融合企业内部治理因素的影响。因此，笔者将所有制效应的不对称融入内部治理因素，综合考察内部控制对政府财税支持政策的利用效果和利用效率，大大丰富了现有的关于政府支持政策使用效应的研究维度。

最后，进一步揭示了内部控制调节效应的复杂性。尽管已有少量的国内研究者考察了内部控制的调节作用（史丽萍等，2014；易颜新、裘凯莉，2020），但是他们在考察内部控制的调节时，都仅仅考察了内部控制整体的水平质量或内部控制五要素[1]对财税政策效应的调节，并没有意识

---

[1] 《财政部　证监会　审计署　银监会　保监会关于印发〈企业内部控制基本规范〉的通知》（财会〔2008〕7号）第一章第五条指出，企业建立与实施有效的内部控制，应当包括下列要素：内部环境、风险评估、控制活动、信息与沟通、内部监督。中华人民共和国财政部网，2008年7月4日，见 http://kjs.mof.gov.cn/zhengcefabu/200807/t20080704_55982.htm。

到在不同的企业运营层面、业务层面和监管层面下，内部控制的调节作用也会因为内部控制目标实现的程度而发生变化。因此，本书考察了内部控制战略目标、经营目标、报告目标和合规目标如何分别作用于政府财税资金的创新激励产出关系，进一步揭示了内部控制调节效应的复杂性。

（二）研究贡献

本书立足于我国独特的制度背景与市场环境，深入探讨政府支持政策与企业创新的关系。无论从企业自身角度还是从利益相关方角度，无论从宏观层面还是从微观层面，本书都具有理论意义，也具有现实意义。

1. 理论贡献

首先，从创新异质性层面阐释政府支持政策的激励效应及其作用路径，是资源基础理论的深化和延展。现实生活中的地理环境的差异及企业内部管理与要素积累的差距往往使不同的企业个体表现出明显的异质性。基于此，本书在传统的内生增长框架中引入了“创新异质性”，结合宏观经济政策与微观组织互动的相关理论，研究从创新产出数量、产出质量和创新效率等多维度视角来评价政府支持政策激励效应的表现。

其次，全面衡量企业创新能力，丰富了关于财政补贴的实施效果的文献。微观企业的创新质量不仅表征了企业创新资源配置的结果，也体现了整个实体经济的繁荣或衰退。不同于已有研究对技术创新产出形式的泛化处理，本书以发明专利申请量、其他专利申请量、研发投入和产出效率为表现指标，从创新产出数量、质量和效率等多个维度衡量企业技术创新，避免了微观层面的证据多为单一衡量指标的弊端，更全面地评估了企业创新能力。因此，提升资源配置效率、稳定宏观经济也要关注资本市场中的微观企业的创新衡量指标。

最后，从企业创新的内在制度的影响因素扩展到内部控制目标层面，进一步丰富了企业创新影响因素和内部控制经济后果的文献研究。以往的从内部控制考察企业创新能力这一出发点所做的研究，忽略了企业内部控制的目标层面的影响。内部控制目标是企业内部控制实施效果的表现，本书将企业创新的内在制度影响因素拓展到了内部控制的战略目标、运营目标、报告目标和合规性目标，将内部控制质量深化到了内部控制目标层面，提高了内部控制的创新激励效果的研究深度，丰富了内部控制经济后果的研究。

2. 实践贡献

首先，明确了创新支持政策的效率和效果，以及内在制度的影响因素，有助于强化政府监管，充分发挥财政资金在创新资源配置中的作用。政府支持政策的目标主要在于促进企业高质量发展，而企业更倾向于追逐经济利益。政府支持政策的目标与企业经济发展的目标从短期来看会存在偏差，因此会弱化政府在研发创新项目选择方面的资金投入效果。明确政府支持政策的效率和效果及内在制度的影响因素，对改善我国资本市场监管、强化政府监管，贯彻党的十九大精神中高质量发展的要求，充分发挥财政资金在创新资源配置中的作用，落实和完善创新支持政策都有重要的实践意义。

其次，从微观企业创新资金利用效果和效率的角度，考察企业内部控制及其目标的影响，丰富了宏观经济政策与微观企业行为方面的研究（黎文靖、李耀淘，2014；韩乾、洪永淼，2014），为辩证认识政府创新支持资金的利用效率提供了新的视角和经验证据，有助于政府理解宏观经济政策与微观企业行为之间的传导机制，有助于学术界和实务界理性认识上市公司内部管理对政府支持政策的影响效应及差异表现，为寻找提高企业内部控制执行的政策措施提供有益的经验证据和政策启示，也为政府支持政策的发布与实施提供有益的参考。

最后，揭示中国特殊制度的环境因素在内部控制与企业创新关系中的调节效应，为辩证认识财政补贴效应提供了新的视角和经验证据。通过对不同的产权性质和不同的内部控制目标下的内部控制促进政府创新支持资金的使用效果的差异性进行检验，揭示出内部控制及其目标实现程度在企业创新资金的使用中具有“状态依存”的特征，进一步明确了提升创新能力的驱动因素，有助于完善内部控制的建设方向，实现政府支持政策的精准覆盖和政府创新支持资金的精准投放，对实施国家创新战略、制定相关政策具有重要的参考价值。

第二章　文献综述

本章主要围绕政府支持政策对企业技术创新的激励效应及其影响机制展开研究。本章将对四个方面的主要文献展开回顾与梳理：政府支持政策与企业技术创新的相关研究、不同的政府支持政策的比较研究、政府支持政策发挥激励效应的机制和路径研究、内部控制与企业技术创新的相关研究。

一、政府支持政策与企业技术创新的相关研究

技术的创新具有溢出性和成果的非排他性等特征，一定程度上会减少企业开展研发创新活动所能获得的利益，进而会引发企业研发投资力度减弱及市场调节失灵等问题（Tassey，2004）。政府的有效干预和扶持对企业的创新活动是十分必要的。目前，我国政府主要采用财政补贴和税收优惠等政策对企业进行直接或间接的创新支持。已有研究人员基于不同扶持方式、不同时间段样本数据对不同国别及行业进行分析和研究，得出了不一致的结论。下面笔者将分别阐述财政补贴和税收优惠这两种政府创新支持的政策工具与企业技术创新关系的相关研究。

（一）财政补贴与企业技术创新关系的研究

1. 促进效应

在实证研究中，学者将研发创新的度量分为两大类：一类为基于研发投入的度量，如企业年报披露的研发投入金额与营业总收入的比值、研发投入与净资产或总资产的比值；另一类为基于研发产出的度量，如各类专利的数据或者专利的引用率。其中，以研发投入作为企业技术创新的替代

指标的相关研究居多。Hamberg（1966）通过研究发现，美国政府提供的财政补贴可以促进企业加大创新研发的投入力度。Link（1982）也认为，受到联邦政府财政补贴强度越高的企业，其研发投入的强度也越高。Nadiri 和 Mamuneas（1994）以“美国制造业企业是否得到财政补贴”进行分组研究，发现有财政补贴的企业更倾向于增加研发投入力度。Capron 和 Pottelsberghe（1997）通过对 20 世纪 80 年代美、加、英、法、德、意、日 7 个经济合作与发展组织成员国的企业进行研究发现，政府给予企业长期的财政补贴对企业的研发投入有明显的激励作用。Guellec 和 Pottelsberghe（2003）在 Capron 和 Pottelsberghe 研究的基础上，扩大了样本量，以 17 个经济合作与发展组织成员国的数据，再次验证了财政补贴对研发投入有促进作用，且单位美元的财政补贴使企业的研发投入平均增加 1.7 美元。白俊红（2011）选取了 1998—2007 年的工业企业数据进行研究，结果表明政府补助能够显著增加企业的研发投入，提升企业的创新能力。廖信林等（2013）利用中国大中型工业企业的省际面板数据进行实证研究，发现财政补贴对企业自身的研发投入存在杠杆效应，且这一杠杆效应随着工业化阶段的发展会不断增强。陈玲和杨文辉（2016）选取了中国上市公司 2010—2012 年的数据，利用倾向分值匹配方法进行研究，发现中国政府的财政补贴对企业自主研发的支出产生显著的激励作用。

Levy 和 Terleckyj（1983）以法国制造业的数据为样本进行研究，发现政府的研发补助与创新产出呈正相关，可以激励企业创新。Hinloopen（1997）将技术创新活动的过程分为投入阶段和产出阶段，发现财政补贴具有创新激励效应。Guo 等（2016）使用 1998—2007 年中国制造业企业的面板数据，用专利数量、新产品销售额和出口额来衡量企业的创新产出，发现政府研发计划会促进企业的创新产出。尚洪涛和黄晓硕（2018）选取 2008—2015 年中国医药制造业上市公司 148 家企业的面板数据，建立了面板向量自回归（panel vector autoregression，PVAR）模型，并运用脉冲响应函数和方差分解等分析方法进行研究，发现财政补贴会提高企业的创新绩效。

2. 挤出效应

虽然大部分学者发现财政补贴能在一定程度上促进企业的技术创新，

但也存在相反的观点，即有学者发现财政补贴对企业创新具有挤出效应。Bloom 等（2002）运用 1979—1997 年美国制造业的相关数据进行实证研究，结果表明财政补贴会减少企业本身的研发投入，且会因产业不同而呈现出差异，即财政补贴对高技术产业创新投入的挤出效应不明显，而对低技术产业的挤出效应更明显。李万福等（2017）研究发现，政府创新补助与企业总体研发投资呈正相关，但政府直接给予企业的创新补助每增加 1 个单位，带来的研发投资增量显著小于 1。Yu 等（2016）认为，财政补贴对企业的研发投资具有显著的挤出效应，并且这种效应会受到企业所有权性质的影响。

3. 影响效应具有非线性

除了促进效应和挤出效应，关于财政补贴与企业创新关系研究的第三种观点认为，财政补贴与企业技术创新之间存在非线性关系，即财政补贴存在“适度区间”，并非越多越好。Hussinger（2008）运用德国制造业企业的数据样本进行研究，结果表明随着政府财政补贴数额的增加，财政补贴对企业创新的影响效应表现为先降低后增强的情形，即正“U”型的关系。毛其淋、许家云（2015）通过实证研究也发现高额度补贴会导致挤出效应，适度的补贴才能够显著激励企业新产品的创新。李晓钟和徐怡（2019）采用电子信息产业上市公司 2011—2016 年的年报数据进行研究，发现财政补贴对电子信息产业的创新绩效存在着门槛效应，且该效应会因企业所有制性质的不同而存在差异。郑玉（2020）采用面板门限模型，选取 2007—2018 年中国 A 股上市公司的数据为样本进行实证研究，发现财政补贴的创新效应随着补贴强度的不同而存在最大化创新激励的补贴区间，其中，测算得出，对于技术密集型企业，当补贴强度位于区间 [0. 020, 0. 086] 时，财政补贴的创新激励效果最好。吴伟伟、张天一（2021）以我国 2009—2018 年中小板和创业板的新创企业数据作为样本进行实证研究，发现财政补贴对新创企业的创新产出具有倒“U”型影响，且新创企业金融化水平的提升能促进上述影响。成琼文和丁红乙（2021）认为，财政补贴对资源型企业的实质性创新产出存在补贴强度的最优区间。

（二）税收优惠与企业技术创新关系的研究

目前，与财政补贴和企业技术创新关系研究的局面相类似，由于学者们对研究区间、研究对象和研究变量等的选择不同，因此存在研究结论不确定的情形。

1. 促进效应

国内外学者的研究均得出税收优惠能促进企业创新投入的结论。例如，税收优惠可以降低企业的创新成本，加大企业的内部资金流动，进而促进企业创新投入（Bloom et al., 2002；Czarnitzki et al., 2011；Fabiani & Sbragia，2014）。针对中国企业样本进行的研究也表明，税收优惠政策有利于企业的创新投入（陈远燕，2015；杨洋等，2015；李林木、汪冲，2017；罗斌元、刘玉，2020）。

随着研究的推进，有学者指出，创新投入的测度并不能真正反映企业的竞争力，真正使企业具有竞争力的是企业的创新产出和创新效率（Claudio et al., 2013）。贺康等（2020）以中国沪深A股上市公司2013—2017年的样本数据来定量评估税收优惠政策的激励效果，通过实证检验发现，税收优惠能促使企业的创新产出和创新效率显著提高。孙自愿等（2020）以2012—2017年中国沪深A股上市高新技术企业的数据为样本进行研究，发现税收优惠强度对企业的创新产出存在正向激励作用，且对创新质量的激励作用更为明显。

2. 抑制效应或无显著效应

也有学者研究发现，税收优惠并不能促进企业技术创新，甚至有抑制论观点的支持者，他们认为税收优惠会抑制企业创新。Eisner等（1984）通过研究发现，税收优惠会对企业的研发投入产生抑制作用。对小型微利企业进行研究，结果表明企业更倾向于将由税收优惠节省下来的资金用于投资厂房及固定资产，而不是投入创新活动（魏紫等，2018）。

有学者研究发现，企业所得税的税收优惠对技术创新的激励效果不明显，尤其是在考虑成本调整的情况下（阎维洁，2007）。李万福等（2017）以高新技术产业上市公司为研究对象进行研究，结果显示，税收优惠对企业研发活动的促进作用随着调整成本的增加而逐渐减弱，当成本调整超过0.012时，税收激励效应将会丧失。韩凤芹和陈亚平（2021）以高新技术企业2012—2019年上市公司的数据为样本进行实证分析，发现税收优惠并没有明显提升企业开展突破性创新的意愿，也没有明显提升技术市场认可的程度，同时也没有对企业所处产业链的位置起到明显提升的作用。Mansfield和Switzer（1985）通过对加拿大在1981—1983年发布的税收优惠措施进行分析，发现其对创新活动的激励效果十分有限。

诸如企业股权性质、税收优惠政策种类及所处地区的发展程度等不同因素都会影响企业创新，可能导致税收优惠政策对企业产生不同的激励效果。一些学者以上述因素为研究税收优惠政策与企业创新之间的关系的切入点。例如，有学者认为，税收优惠政策是否能够促进企业创新，主要受到制度环境因素的影响。只有在法治比较健全、政府干预比较少的制度环境下的地区，税收优惠政策才能够促进企业技术创新（夏力，2012）。

尽管税收优惠可以帮助企业增加创新投入，但企业面临的融资限制、产品市场竞争和地区市场化程度都会影响税收优惠的效果（刘放等，2016）。研究表明，对于制造业上市公司来说，中国现行税收优惠政策在民营企业中的激励效应更为显著。企业所得税的税收优惠对研发投入的促进作用要比增值税税收优惠更加明显（水会莉、韩庆兰，2016）。除了这些外部因素之外，税收优惠政策的力度也是影响激励效应的关键因素。税收优惠政策在企业研发投入方面的作用存在门槛效应。只有在最佳区间内施行税收优惠政策，才能对企业研发投入产生显著的正向激励效应（冯海红等，2015）。

二、不同的政府支持政策的比较研究

前文我们讨论了单一的政府支持政策对企业技术创新的影响，而某些情境下，企业可能同时享受了两种政府支持政策。已有研究表明，财政补贴政策和税收优惠政策对企业的创新激励效应有明显差异（柳光强，2016）。

（一）财政补贴产生的激励效应更强

通过比较不同研发阶段的财税政策的激励效果，邓子基和杨志宏

（2011）认为，财税政策在研发阶段、成果转化阶段和产业化生产阶段对技术创新都具有激励效应。在研发阶段，激励效应对财政补贴更为敏感；而在成果转化阶段，激励效应对政府采购政策更为敏感。郑春美、李佩（2015）以创业板上市的高新技术企业为研究对象，比较了政府补助和税收优惠的激励效果，发现政府补助对企业的创新绩效具有显著的激励效果，而税收优惠则会对企业的创新绩效产生负面后果。邹洋等（2016）以创业板上市公司为研究对象，发现政府补助和税收优惠对企业的研发投入都产生了激励作用，其中，政府补助产生的激励作用强于税收优惠产生的激励作用。陈立、蒋艳秋（2021）以创业板科技型中小企业为研究对象，选取了2015—2017年的面板数据进行研究，发现财政政策对企业创新绩效的激励作用相较于税收政策对企业创新绩效的激励作用具有更强的正向效应。

（二）税收优惠产生的激励效应更强

有学者通过比较不同的产业、不同的规模效应和不同的政策目标下的财政补贴与税收优惠激励效果，发现税收优惠的激励效应更强。研究结果显示，税收优惠在激励新能源产业和信息技术产业的研发方面比财政补贴更为有效（柳光强等，2015），尤其对高技术产业的激励效果更加显著（张同斌、高铁梅，2012）。李传喜和赵讯（2016）以中小板和创业板中的高新技术企业为研究对象进行研究，发现税收优惠和财政补助都能促进企业的研发活动，并且两者之间具有协同效应，但税收优惠的促进效应更强。此外，马文聪等（2017）以我国大中型工业企业为研究基础进行研究，发现直接税收优惠的激励效应最强，尤其对小规模企业和非国有企业的激励效应更加显著。马玉琪等（2017）以中关村高新技术企业为研究对象，发现不同规模的企业研发投入具有异质性，且具有调节作用。其中，直接补贴对大中型企业的研发投入没有明显的促进作用，税收优惠对大中型企业和小型企业的研发投入都有促进作用，而对小型企业的研发投入则会随着财政补贴强度的提高而缓慢提高。

柳光强（2016）对税收优惠和财政补贴在不同政策目标上的激励效果进行比较研究，发现两者对企业项目投资都具有正向激励效应，但在促进企业融资和研发投入方面具有较大的差异：财政补贴具有负面效应，而税收优惠具有正向激励效果。

（三）财政补贴与税收优惠的替代性或互补性

Guellec 和 Pottelsberghe（2000）、李传喜和赵讯（2016）等学者研究发现，财政补贴和税收优惠在激励创新方面存在替代效应；而朱平芳和徐伟民（2003）研究发现，两者的交互作用可以促进企业增加研发投入，具有互补效应。

综上所述，已有研究重点分析了财税政策在不同的产业、不同的政策目标和不同的研发阶段的具体激励效果，但对财政补贴和税收优惠的配合效应的研究较少，而且研究结论也仅仅是替代或互补的简单结论。

三、政府支持政策发挥激励效应的机制和路径研究

通过梳理国内外相关文献发现，不少学者指出，政府财政支持能够影响创新，是因为其在一定程度上增加了企业的资金来源。那么究竟是什么机制影响企业技术创新产出呢？经过分析现有文献发现，关于政府创新支持效应的作用路径，目前的主流观点是集中在对研发支出的影响和融资约束的影响两个方面。

（一）政府支持政策对企业研发支出的影响

目前，大部分的文献将研发支出视为财政补贴对企业创新的主要影响途径。有学者对美国政府多年来对企业研发活动的资助效果进行深入研究，发现财政补贴能够有效地促进企业的创新项目，提高国家的创新能力（Hamberg，1966）。解维敏等（2009）的研究表明，财政补贴刺激了企业的研发支出，并加速了企业新产品的研发进程。财政补贴会增加高科技企业的研发投入，并在一定程度上提升企业的市场价值（郭檬等，2017）。一项关于中国 28 个地区的研究显示，财政补贴对经济发达和科技基础较好的地区的正向影响高于经济欠发达和科技基础较薄弱的地区，各地区对财政补贴的创新能力的影响弹性系数不同（樊琦、韩民春，2011）。

也有学者持不同的观点，逯东等（2012）的研究发现，大部分创业板高新企业会通过与政府建立紧密的关联，获得更多的财政补贴，但该财政补贴并未用于技术创新，因此，政府发放的技术补贴没能有效提升企业的市场价值。魏紫等（2018）的研究表明，企业更倾向于将税收优惠结余资金用于购买固定资产，而不是用于增加企业的研发投入。

贾春香、王婉莹（2019）选取了2014—2016年创业板高新技术企业的数据进行研究，发现研发投入在税收优惠与创新绩效间起到了完全中介效应；在财政补贴与企业创新绩效之间存在中介作用，但是是起到完全中介效应还是部分中介效应未能达成一致。梅冰菁、罗剑朝（2020）的研究发现，研发投入规模是财政补贴对企业创新绩效产生影响的中介因素，在由财政补贴到研发规模的路径中，财政补贴对非国有企业研发规模的激励效应强于国有企业；在由研发规模到企业创新绩效的路径中，国有企业研发规模的扩张相较于非国有企业，可以创造更多的创新绩效。

童馨乐等（2022）的研究发现，财政补贴对企业创新投入存在数量激励，表现在财政补贴能够显著提高企业的研发投资额，进一步提高专利产出数量，增加创新投入资金数量是确保投入转化质量的必要非充分条件。

（二）政府支持政策对企业融资约束的影响

创新活动具有高风险性，这会导致企业的创新意愿不强，同时，融资约束也会导致企业的创新投入不足，财政补贴作为外部资金，可以帮助企业降低其融资约束的程度。财政补贴作为对企业资源的直接补充，作为内源融资的构成，可以降低企业的融资约束程度（白俊红，2011；Guo et al., 2016）；此外，接受财政补贴的企业会向外传递企业发展良好的信号，减少企业与外部投资者之间信息不对称的现象，缓解企业的外部融资约束（王刚刚等，2017；郭玥，2018）。

Bronzini 和 Piselli（2016）认为，财政补贴能够缓解企业研发资金短缺的问题，能够发挥政府“扶持之手”的功能，间接降低企业的研发项目中断的风险，促进企业创新能力的提高。贺炎林等（2022）基于资源基础理论的研究发现，财政补贴的资源福利效应强于“资源诅咒”效应，可以通过缓解融资约束促进企业技术创新。韩宝山、李夏（2022）运用

2007—2020 年中国制造业上市公司的面板数据，验证了税收减免政策具有通过缓解融资约束从而促进企业研发创新的积极效应。陈立、蒋艳秋（2021）以创业板科技型中小企业为研究对象，选取 2015—2017 年的面板数据进行研究，发现财税政策有助于缓解企业融资约束，且财政政策的缓解效果比税收政策强，融资约束在财税政策与创新绩效间具有部分中介效应。严若森等（2020）的研究发现，融资约束在财政补贴对企业创新投入的影响中起到了部分中介效应，即财政补贴通过缓解企业融资约束，提高了企业创新投入。

四、内部控制与企业技术创新的相关研究

在公司治理过程中，内部控制主要参与风险管理，属于管理职能中的控制职能（白华，2012）。内部控制可以规范企业的日常经营管理活动，在实现企业经营效率提升的同时，对企业管理战略体制起到了促进作用。高质量且有效的内部控制能够在一定程度上帮助管理层防止、发现并纠正企业存在的重大错报（高锦萍、梁曦月，2019）。

（一）内部控制对企业技术创新的影响

企业的创新离不开其内部制度环境。内部控制作为企业重要的内部治理机制，既可能因过度规避风险而抑制创新（“矫枉过正”假说），也可能通过合理管控风险而促进创新（“合理管控”假说）。很多学者研究了内部控制质量对企业技术创新的影响，目前主要形成了两种主流观点，即内部控制质量促进论与内部控制质量抑制论。

1. 内部控制质量促进企业技术创新

Stiglitz 和 Weiss（1981）认为，内部控制能够补充契约的缺陷，减少信息不对称和代理成本带来的问题；O’Connor 和 Rafferty（2012）对内部控制与企业创新能力的关系进行研究，研究结果表明，内部控制质量越高，企业内部环境越好，越能够促进创新。李瑛玫、史琦（2019）的研究认为，企业内部控制质量对其创新绩效具有显著的促进作用；相较于国有企业，非国有企业的内部控制质量对创新绩效的促进作用更为显著。马永

强和路媛媛（2019）的研究发现，内部控制质量对企业创新绩效的促进作用在非国有企业、低研发强度和大规模企业中更加显著，其中，内部控制五要素中的风险评估和信息与沟通要素起到了显著的促进作用。王亚男和戴文涛（2019）基于企业 R&D 产出效率视角，采用2012—2017 年的 A 股上市公司数据进行研究，发现内部控制与创新效率呈显著正相关关系，支持了“内部控制促进企业创新”的假说。杨道广等（2019）以 2007—2015 年沪深 A 股上市公司的数据为样本，实证检验内部控制在企业创新中的作用机理，研究结果表明，内部控制水平与企业创新呈显著正相关关系，总体上支持了“合理管控”假说；内部控制对企业创新的正面效应主要体现在内部环境和信息与沟通两大要素中；而会计控制水平与企业创新呈显著负相关关系。倪静洁、吴秋生（2020）从“缺陷有效观”出发，通过内部控制是否存在重大缺陷来判定其有效性，选取 2012—2018 年的中国 A 股上市公司的数据作为研究样本，研究结果表明，存在重大缺陷的内部控制不利于企业增加创新投入，且重大缺陷累计出现的次数越多，对企业创新投入的不利影响就越大；相较于业务层面的内部控制的重大缺陷，公司层面的内部控制的重大缺陷对企业创新投入的负面影响更大。

高质量的内部控制主要通过缓解融资约束的渠道为企业创新投资获取更多的融资支持（钟凯等，2016），具体来说，内部控制通过抑制由代理冲突、信息不对称引发的创新投入不足及降低创新投入活动实施风险机制（王亚男、戴文涛，2019）来影响企业创新。在利用式创新过程中，内部控制能够发挥损失控制的功能，有效应对创新风险，降低销售收入的下行波动，保持经营的稳定性；而探索式创新的不确定性较大，现有内部控制框架不能有效识别、分析、应对不确定性风险，不能帮助企业把握机会去实现价值创造（田丹等，2022）。

2．内部控制质量抑制企业技术创新

“内部控制质量悖论”假说认为，内部控制是一种企业治理的约束性工具，严格执行内部控制相关制度会使企业高管更谨慎地对待创新项目，为了规避自身风险，他们会选择减少或是放弃创新项目的投资（Ribstein，2002）。

国外学者关于内部控制质量对企业技术创新的“悖论”影响的研究较

早。有学者认为，烦琐与严格的内部控制机制不利于创新项目的开展（Bargeron et al., 2010）。内部控制质量越高，意味着其内部机制越严格，则企业管理越僵化，从而与技术创新所需的经营灵活性相冲突（Jensen, 1993）。Solomon 和 Bryan-Low（2004）指出，在严格的内部控制机制下，企业高管的投资风险会增加，隐性收入会降低，进而使高管对研发等风险性项目的投资意愿锐减；而且内部控制机制过于严格，将使企业工作环境产生强烈的压迫感和束缚感，导致员工的工作激情和创新精神日渐萎缩（Ribstein, 2002）。同样地，Kaplan 与 Norton（1996）认为，企业研发活动往往需要不断试错且不确定性较高，如果企业的控制机制过于强硬，制度规范及人员考核标准过于严格，容易使企业陷入僵局，丧失创新活力，最终影响其长远发展。因此，内部控制质量过高，可能使企业整体创新活力受到抑制，进而对投资者利益以及企业价值产生一定的负面影响。

国内关于内部控制质量与企业技术创新的研究也证实了相应假说。相较于国外，由于我国的制度基础等有所不同，我国学者研究得出“内部控制质量悖论”的结论较少。史璇等（2018）以沪深 2013—2015 年高新技术上市公司的数据为研究样本，研究发现，高新技术企业的行业特征导致内部控制质量对企业技术创新绩效产生负向影响。张娟、黄志忠（2016）通过分组发现，内部控制质量对企业技术创新成果转化的作用会受到不同行业间的创新动力差异的影响：在创新活力较高的公司中，内部控制质量不能显著促进技术创新转化为公司业绩；在创新活力居中的公司中，严格的内部机制抑制了企业创新投入；而在创新动力不足的公司中，内部控制质量基本上未能发挥改善企业技术创新活动的作用。

（二）内部控制促进企业技术创新的机制研究

Abdioglu 等（2013）在研究《萨班斯 - 奥克斯利法案》（*Sarbanes-Oxley Act*）对企业创新与机构所有者的影响中发现，实施《萨班斯 - 奥克斯利法案》后，更多的机构投资者被美国企业的创新投资所吸引，因而得出内部控制的披露会吸引更多的机构投资者的结论。而 Ashbaugh-Skaife 等（2009）也证实内部控制能够通过一系列的手段降低代理冲突引发的投资不足的问题，从而降低企业的外部融资成本。钟凯等（2016）从企业创新投资的视角研究，发现内部控制主要通过缓解融资约束的渠道来使企业创新获得更多的融资支持。

内部控制能有效监管企业生产运作行为，降低企业生产经营过程中的风险（张娟、黄志忠，2016）。具体表现为，企业在研发过程中可能遇到事前对研发论证不合理、事中对研发过程管理不善、事后对研发成果保护不力的情况（王运陈等，2015），而健全的内部控制通过规范的运营环境、良好的沟通体制、科学的风险评估、严格的监督体系和控制系统，能使企业有效地预测行业前景变化并迅速做出反应，从而降低资本成本，改善信息环境，降低企业的系统风险，优化创新投资决策环境（方红星、陈作华，2015）。内部控制通过科学的风险评估和不同等级的风险应对策略，能够清晰定位创新投资目标和规划结构过程（Dougherty & Hardy，1996）。有效的内部控制可以通过对创新投资的相关风险的评估，避免管理层的创新逃避行为，从而保障创新投资的顺利进行（骆良彬、郑昊，2016）。

五、文献述评

通过对相关文献的梳理，笔者发现，随着市场的发展成熟，在日益扩大的政府经济与市场经济共存的社会中，由于研究视角、研究背景及研究方法的不同，学术界对政府财税支持政策（财政补贴与税收优惠）与企业技术创新的关系、内部控制质量与企业技术创新的关系等问题均未形成较为一致的结论，但对于政府需要对企业技术创新进行干预的观点是认同的，同时，已有的研究存在四种值得进一步探讨的情况。

第一，已证实政府支持政策会影响企业技术创新，但政府支持政策对企业技术创新活动究竟是产生激励效应还是挤出效应，仍有待于依托大规模实证调研数据而作出审慎且严谨的回答。同时，已有文献在“财政补贴能否有效激励企业创新效果和创新效率”这一问题上存在较大分歧。要提升资源配置效率、稳定宏观经济，需要关注资本市场中的微观企业的创新衡量指标。不同于已有研究中对技术创新产出形式的泛化处理，本书采用专利申请量、发明专利申请量、研发投入和产出效率、创新产出数量和质量等多个指标进行分析和实证检验，避免了微观层面的证据分析多采用单一指标进行衡量的弊端，更全面地衡量了企业的创新能力。

第二，已有研究都没有明确地回答税收优惠和财政补贴在不同的企业风险管控水平特征背景下是否都能够真正有效地促进企业的创新行为。基于已有文献可知，经济政策的制定应是一个动态博弈，其条件是不确定和不断变化的，对不同所有制性质、不同地区发展水平的企业而言，这种促进作用的影响强度是否相同呢？本书在关注财政补贴与税收优惠单行政策效果的基础上，强调了两种政策并行对企业研发激励的配合效果，并进一步考虑了在不同企业所有制、不同地区发展水平下的两种政策的配合效果的异质性。

第三，尽管已有文献对内部控制质量的经济后果进行了不同程度的研究，且普遍认为较高质量的内部控制能提高企业的管理效率及资金使用效率，并能降低其代理成本及经营风险，但基于内部控制质量对政府创新支持资金的激励效应的研究并没有识别到调节效应的渠道。在两权分离的现代企业中，企业内部治理环境和管控水平在一定程度上决定着企业从研发投资计划到研发项目过程再到研发产品实现的全过程，最终作用于创新产出。因此，识别企业内部管控水平对政府支持政策的激励效应的影响机制对于创新支持政策的对象选择而言，就变得尤为重要。

第四，以往研究分别从内部控制质量和内部控制五要素考察了对企业创新的影响，以及内部控制的调节效应，忽略了企业内部控制的目标层面的影响。内部控制既然是企业内部的一项职能，其职能的表现应考察内部控制的效果，而不仅仅是内部控制五要素本身的建设质量水平。内部控制目标是企业内部控制实施效果的体现，本书将企业创新的内在制度影响因素拓展到内部控制战略目标、运营目标、报告目标和合规性目标，深化了内部控制（公司重要内部管理制度）影响企业创新的效果和存在差异性的研究。将企业创新的内在制度影响因素扩展到内部控制目标层面，进一步丰富了企业创新影响因素和内部控制经济后果领域的研究文献。

第三章　概念界定与理论基础

一、概念界定

经过对研究问题的梳理，本书将集中探讨政府支持企业创新的财政政策，具体表现形式为政府财政补贴政策和税收优惠政策。财政补贴政策与税收优惠政策是国家刺激企业进行创新型生产的政策性工具。本书共涉及政府支持政策、财政补贴、税收优惠、企业技术创新、创新效率、企业研发投入、探索式创新与利用式创新、内部控制等核心变量。不同学者从不同视角、不同情境对这些变量进行了相关研究，对这些变量的定义可能存在些许差异。为了避免概念模糊给后续研究带来不便，本书将对上述变量的概念进行明确界定与阐述。

（一）政府支持政策

政府支持政策是指一个国家或地区政府以促进创新活动的产生、应用和扩散为目标，规范创新主体行为而制定并运用的各种直接或间接的一系列公共政策和措施的总和，是一个在实践中不断完善的政策体系。随着国家对科技创新的高度重视，相关科技政策不断出台，从2016年开始，我国就在科技创新领域提出了多种政策，从深化科技体制改革、科技成果转化、科技奖励机制、科技人才激励、科技创新支持到科技人才发展和科技组织提升等方面均有涵盖。

在科技成果转化方面，2016年，国务院发布了《国务院办公厅关于印发〈促进科技成果转移转化行动方案〉的通知》；2017年，国务院发布《国务院办公厅关于印发〈关于深化科技奖励制度改革方案〉的通知》和《国务院办公厅关于推广支持创新相关改革举措的通知》；等等。

在科技人才培养与评价方面，2017 年，国务院相继发布了《关于深化人才发展体制机制改革的意见》和《关于实行以增加知识价值为导向分配政策的若干意见》；2019 年，又发布了《国务院办公厅关于抓好赋予科研机构和人员更大自主权有关文件贯彻落实工作的通知》等相关政策文件。

在科技创新激励方面，2016 年，财政部、科技部、国务院国资委联合发布了《国有科技型企业股权和分红激励暂行办法》，同年，国务院国资委出台了《国资委关于做好中央科技型企业股权和分红激励工作的通知》；2018 年，财政部、科技部、国务院国资委联合发布了《关于扩大国有科技型企业股权和分红激励暂行办法实施范围等有关事项的通知》等相关文件。

在科技金融与税收方面，2017 年，财政部和国家税务总局出台了《财政部　国家税务总局关于完善股权激励和技术入股有关所得税政策的通知》，财政部、国家税务总局、科技部联合发布了《财政部　国家税务总局　科技部关于完善研究开发费用税前加计扣除政策的通知》，财政部、国家税务总局、科技部联合发布了《财政部　国家税务总局　科技部关于提高科技型中小企业研究开发费用税前加计扣除比例的通知》等文件。

由以上可知，政府对企业技术创新的支持方式多样，惠及的领域也很广泛。本书在探讨政府创新政策的激励效果时，基于数据的可获得性及与主流研究的可比性，主要讨论政府创新支持的财税政策，其中最常用的政策工具包括财政补贴与税收优惠。

（二）财政补贴

阿瑟·塞西尔·庇古（Arthur Ceci Piguo）在 1912 年的《财富与福利》中指出了政府政策指导的必要性，认为政府的干预可以实现社会福利的最大化（张艳菲，2011）。财政补贴是指通过政府支出的方式直接增加企业收入，包括物价补贴、研发补贴、企业亏损补贴等，但不包括税收优惠部分（周燕、潘遥，2019）。如今，财政补贴的形式还有政府补贴、政府资助、财政补助等。财政补贴直接发放给企业，通过调整收入分配和国家资源，影响支出效率和国家的经济结构，是政府经常使用的一种有效的政策工具。直接补贴主要指政府通过科技拨款、专项基金、财政援助和低息贷款等形式直接资助企业以降低企业的研发成本。国家层面的直接研发补贴项目有国家重点基础研究发展计划、国家高技术研究发展计划、国家重点实验室、国家科技支撑计划、国家星火计划和国家火炬计划等。地方层面的直接研发补贴项目有市级重大科技专项、市级重大科技成果转化专项、市级星火计划和市级火炬计划等。

由于直接发放补贴包含的项目广泛，且补贴对象的企业性质存在差异，因此有必要对本书研究的财政补贴进行界定。根据当前的研究主流及本书的研究目的，本书参考我国《企业会计准则第 16 号——政府补助》对政府补助的定义，按照会计含义对财政补贴的内涵做了界定。财政补贴是指企业获得了除政府以所有者身份投入的资本以外的无偿货币性资产或非货币性资产，但不包括政府作为企业所有者投入的资本。[①] 财政补贴主要分为与收益相关及与资产相关的两类，主要目的是鼓励企业加强技术创新力度等，具体体现为政府为鼓励企业进行技术创新所给予的政府补助中与研发活动或与科技创新相关的那部分补助资金，如科研项目启动资金、技术改造升级资金等。

具体而言，本书提及的财政补贴，主要是指企业获得的与技术创新相关并计入当期损益的直接补贴，具体数据来源于企业报表中“营业外收入”一栏的二级子科目“政府补助”中体现的金额，该科目通常只包含显性的补贴项目。

（三）税收优惠

税收优惠是国家宏观调控的手段之一，对促进地区、产业、企业及产品发展具有重要的意义，有利于解决当前产业的结构性问题及促进国家总体经济更加协调有序发展。对于税收优惠的概念，王霞（2010）认为，税收优惠是为了配合国家在一定时期的政治、经济和社会发展总目标而设

① 参见《财政部关于印发修订〈企业会计准则第 16 号——政府补助〉的通知》（财会〔2017〕15 号），中华人民共和国中央人民政府网，2017 年 5 月 10 日，见 http://www.gov.cn/gongbao/content/2017/content_5237716.htm。

定，是税法给予某些纳税人及纳税对象的相关优惠政策。姚子健和李慧妍（2020）则认为，税收优惠是指在我国范围内，向纳税人和缴费人征收的各种税收的优惠，即在税收法律制度内，在符合目的的前提下，免除或者减轻有关纳税人的税收义务。随着经济社会的发展，税收优惠的内涵和外延也在与时俱进。

税收优惠的形式分为直接优惠和间接优惠。直接优惠是政府给予企业税负的直接减免，包括降低税率、税费减免等，有利于企业创新资金的积累。间接优惠是以税收抵扣和加速折旧为代表的针对企业税基的调整，对于促进企业生产结构的调整起到了政策导向的作用，有利于企业创新发展的可持续性。本书所指的税收优惠是指国家运用税收政策，根据税收法律、行政法规中的规定，对某一部分特定企业和课税对象给予所得税减轻或免除税收负担的一种措施。本书所考虑的企业所得税优惠，是指基于2008年实施新企业所得税法后，企业的基本所得税税率由33%下降到25%所带来的减税优惠。

当前，我国企业的经营数据并未对直接税收优惠和间接税收优惠进行更加详细且标准的说明，仅以会计项目形式公布企业应纳所得税额和实际缴纳企业所得税额等税收数据。为了保证研究结果的可靠性，本书参考储德银等（2017）的研究，用企业所得税法定税率与实际税率之差乘以利润总额来表示税收优惠，实际税率由所得税费用除以税前利润计算得出。

（四）内部控制

随着企业内部控制制度的发展和演进，监管部门对上市公司的内部控制质量要求逐步清晰，其含义也趋于完善。综观内部控制的历史发展进程，其先后经历了内部牵制、内部控制制度阶段（包括内部会计控制与内部管理控制）、内部控制结构（包括控制环境、会计制度和控制程序三项结构要素）、内部控制整体框架、企业风险管理框架五个阶段。内部控制的早期核心理念“内部牵制”源于企业管理的内生需求而建立，该制度有效地解决了工厂制组织形式下的职责分工及其财物安全问题。1992年，美国反虚假财务报告委员会下属的发起人委员会（Committee of Sponsoring Organizations of the Treadway Commission，COSO）发布的《内部控制－整体框架》（*Internal Control-Integrated Framework*）对内部控制做了初步的、较为完整的定义：内部控制是由主体的董事会、管理层和其他员工实施的，旨在为经营的效率和有效性、财务报告的可靠性、遵循适用的法律法规等目标的实现提供合理保证的过程。[①] 2004 年，COSO 发布了企业风险管理整合框架，将关注点由内部控制本身扩展到风险管理领域，并提出了风险组合观。

在国内，2008 年，财政部等五部委联合发布了《企业内部控制基本规范》。本书采用了《企业内部控制基本规范》第一章第三条中的定义，内部控制是由企业董事会、监事会、经理层和全体员工实施的、旨在实现控制目标的过程。内部控制的目标是合理保证企业经营管理合法合规、资产安全、财务报告及相关信息真实完整，提高经营效率和效果，促进企业实现发展战略。[②]

本书研究的内部控制质量，是基于目标导向的内部控制评价体系，其作为评价企业内部控制运行机制的效果，反映了企业内部控制治理的水平。本书采用深圳迪博公司设计的内部控制指数衡量内部控制质量。

（五）企业技术创新

创新概念最早由美籍奥地利经济学家约瑟夫·阿罗斯·熊彼特（Joseph Alois Schumpeter）在 1912 年出版的《经济发展概论》中首次提出。熊彼特将创新比作生产函数，认为创新过程就是不断地对未知的生产要素及生产条件进行反复筛选与组合，从而探索出利润最大化的最优解的过程。熊彼特明确了创新在经济发展中的重要地位，指出创新资源的合理配置是创新活动的宗旨。

1962 年，伊诺思（J. L. Enos）在其《石油加工业中的发明与创新》一文中首次直接明确地对技术创新下了定义，认为技术创新是几种行为综

---

① Committee of Sponsoring Organizations of the Treadway Commission. *Internal Control-Integrated Framework*, 1992.

② 《财政部　证监会　审计署　银监会　保监会关于印发〈企业内部控制基本规范〉的通知》（财会〔2008〕7 号），中华人民共和国财政部网，2008 年 7 月 4 日，见 http://kjs.mof.gov.cn/zhengcefabu/200807/t20080704_55982.htm。

合的结果，这些行为包括发明的选择、资本投入保证、组织建立、制订计划、招用工人和开辟市场等。[①] 伊诺思是从行为的集合的角度对技术创新下定义的。厄特巴克（J. M. Utterback）（1974）认为，与发明或技术样品相区别，创新就是技术的实际采用或首次应用。弗里曼（C. Freeman）等（1982）认为，技术创新在经济学上的意义只是包括新产品、新过程、新系统和新装备等形式在内的技术向实现商业化路径的首次转化。[②]

我国技术创新研究专家傅家骥（1998）从企业视角出发，认为技术创新是指企业家抓住市场的潜在盈利机会，以获取商业利益为目标，重新组织生产条件和要素，建立起效能更强、效率更高和费用更低的生产经营系统，从而推动新产品和新的生产（工艺）方法的研究开发，开辟新的市场，获得新的原材料或半成品供给来源，建立企业的新的组织的过程。它是包括科技、组织、商业和金融等一系列活动的综合性过程。

1999 年，中共中央、国务院召开了全国技术创新大会，发布了《中共中央、国务院关于加强技术创新，发展高科技，实现产业化的决定》（中发〔1999〕14 号），将技术创新定义为：企业应用创新的知识和新技术、新工艺，采用新的生产方式和经营管理模式，提高产品质量，开发生产新的产品，提供新的服务，占据市场并实现市场价值。

广义而言，技术创新不仅包括创新成果本身，还包括推广、扩散和应用成果的过程。由于企业的研发活动周期长、风险系数高，企业技术创新水平主要体现在自主研发投入的强度及成功将研发资本转化为成果的可能性。因此，本书所指的企业技术创新主要表现在企业的研发活动过程中。参考傅家骥的定义，本书将企业技术创新定义为综合性过程，企业家抓住市场潜在的盈利机会或技术的商业价值，以获取利润为目的，通过技术、组织、商业和金融等一系列活动重新组合生产要素和条件，从而建立效率更高、效益更好的新生产经营体系，推出新的产品、生产方法，开辟新的市场，获得新的原材料或半成品供给来源，或者建立新的组织结构。因

---

① 参见杨东奇《对技术创新概念的理解与研究》，载《哈尔滨工业大学学报（社会科学版）》2000 年第 2 期，第 49－55 页。

② 参见杨东奇《对技术创新概念的理解与研究》，载《哈尔滨工业大学学报（社会科学版）》2000 年第 2 期，第 49－55 页。

此，本书对技术创新的衡量需要体现创新的过程，即用创新投入表示创新的过程，用创新产出体现创新的结果，如创新产出数量、质量和效率。创新产出质量又可进一步划分为实质性创新产出和策略性创新产出。

本书借鉴池仁勇（2003）的研究，认为技术创新效率是指企业技术产出与投入要素的比值，该比值越小，技术效率越低。基于此，本书以企业研发经费支出作为企业创新投入的衡量指标，以专利申请数作为企业创新产出的衡量指标，参考姚立杰和周颖（2018）的研究，结合投入与产出的指标建立数学模型，用得到的结果来衡量企业的创新效率。

（六）实质性创新与策略性创新

基于市场失灵理论，经济中存在大量的寻租活动（Dosi et al., 2006；林毅夫，2002），即企业寻求财政补贴和税收优惠等非生产性利益。由于信息不对称，政府很难分辨出真正需要补贴的企业。为了实现经济增长的目标，政府通过产业政策扶持特定的产业、技术和产品。然而，企业为了迎合政府，往往采用简单的创新方式或者片面追求创新数量（Hall & Harhoff, 2012），以获取更多的政府补助（Hellman et al., 2003；江飞涛、李晓萍，2010）。这种选择性扶持存在选择偏差，不能真正激发企业的实质性创新。相反，企业会迎合政策，俘获政府，进行直接的非生产性寻利活动，形成“寻扶持”的行为。因此，需要降低政策选择性，并建立有效的监管机制，以促进企业的真正创新活动。

基于专利视角的研究表明，以专利申请为衡量标准的企业创新行为有时候表现为一种策略性行为（Dosi et al., 2006；Hall & Harhoff, 2012；Tong et al., 2014）。这意味着企业的某些“创新行为”不一定是为了实质性地提高技术竞争力，而是为了获取某种利益，往往表现为对政府政策和监管的迎合。在专利申请中，发明专利是高难度的技术性创新，体现了企业的核心竞争能力；实用新型和外观设计专利则是相对简单的微小创新，因此能够在短时间内出成果。由于申请实用新型和外观设计专利的过程较短，被授予率较高，费用也较低，因此企业更青睐这些相对简单的创新，以获取更多的财税扶持。这种情况也为政府提供了政绩考核的指标，促使政府加大对企业创新的扶持力度。因此，需要制定有效的政策和监管机制，引导企业实施更为实质性的创新，以推动经济的可持续发展。

基于上述讨论，结合本书的研究目的，参考黎文靖和郑曼妮（2016）的研究，本书从动机角度将企业创新质量产出行为可分为两种：一种是以推动企业技术进步和获取竞争优势为目的的“高质量”的创新行为，可称之为实质性创新（substantive innovation）；另一种是以谋求其他利益为目的，通过追求创新“数量”和“速度”来迎合监管与政府的创新策略，可称之为策略性创新（strategic innovation）。

二、理论基础

基于我国的制度背景、国内外企业的创新实践、对相关文献的梳理及相应的问题研究，本书将根据政府干预理论、委托代理理论、资源基础理论对后续假设发展涉及的理论基础进行阐述。

（一）政府干预理论

当前，对创新政策的制定影响最大的理论之一是主流经济学理论，即新古典主义经济学。经典经济学理论认为，在完全竞争条件下，市场能够通过自身机制达到资源的最优分配状态。但是，在现实中，市场常常存在着信息不对称、竞争不充分等因素，这些因素导致市场机制不能够自行实现帕累托最优状态（Greenwald & Stiglitz，1986）。纳尔逊（Nelson）是创新学派的代表学者之一，他指出，由于研发创新活动具有外部性、公共性和不确定性等特征，市场机制在创新领域存在失灵问题。这也为政府对企业创新进行扶持提供了理论依据。

1. 外部性

外部性指的是一方行为对其他方利益的影响，不需要交易或支付费用。创新活动的外部性会导致个体支出和获得的收益不协调，使其创新的积极性受到抑制，从而导致市场失灵。企业研发创新活动的外部性会导致企业付出成本后获得的收益外流，导致其发生的原因包括专利申请过程漏洞、专利保护期限漏洞和研发人员不稳定造成的技术外泄等。政府给企业的研发补助可以缓解研发主体的付出与收益不匹配的情况，从而激励企业自主研发创新，提升整体社会的福利。

2. 公共性

美国经济学家保罗·A. 萨缪尔森（Paul A. Samuelson）认为，公共物品是指所有消费者都能无偿消费，且新增消费者不用付出额外成本的物品。日常生活中最常见的自然公共物品是空气和阳光。满足社会公共需要的物品，具有非竞争性和非排他性的特点。

创新活动的公共性，指的是知识产品可以被多个人使用无数次，新增消费者不需要付出成本，从而产生了一定的共享性和公共性。但是，这种共享性和公共性也使知识产权受到侵犯的风险增加，知识产权所有者的利益可能受到侵害，从而抑制了创新的积极性。因此，政府需要制定相关的知识产权保护政策，加强知识产权的保护力度，提高违法侵权行为的成本，从而保护创新者的利益，激励企业进行自主创新，提升整体社会的福利。同时，政府也可以通过对研发活动进行补助，以降低企业创新的成本，进一步激发企业的积极性，促进技术创新和产业升级，提高国家的竞争力和经济发展水平。

3. 不确定性

不确定性是指创新活动中存在的风险和不可预测因素可能导致企业研发结果失败或产生不可预知的结果。这种不确定性主要包括研发过程的不确定性、资金来源的不确定性和市场的不确定性三种。研发过程的不确定性是指技术故障、操作失误等各种不可预测因素带来的风险，导致企业研发结果失败。资金来源的不确定性是指由于外部出资方的风险规避态度及企业自身的资金有限，造成研发创新活动的资金供应链中断，导致无法得到预期的创新产出。市场的不确定性是指企业将知识产品商业化并面向市场获取收益时面临的不确定因素，如产品是否能在预计时间内被消费者接受、竞争者策略、经济政策和市场管制等，这些不确定性可能造成研发的新产品进入市场失败，导致研发创新的收益入不敷出。企业面对这些不确定性时往往会望而却步，这抑制了企业进行自主创新的积极性。

经过以上的理论分析可知，企业的研发创新活动具有三大重要特性，这些特性会导致市场失灵，进而削弱企业对研发创新活动的信心。同时，这也凸显出政府对企业进行研发补助的重要性。

（二）委托代理理论

委托代理理论最早由美国经济学家阿道夫·A. 伯利（Adolf A. Berle）和加德纳·C. 米恩斯（Gardiner C. Means）在20世纪30年代提出。他们认为，所有者与经营者之间的信息往往是不对称的，这导致了信息获取占据优势的一方往往会利用这种优势来获得额外利益。通常情况下，所有者是企业的委托方，而经营者是代理方，因为委托方将企业的日常管理全权委托给经营者处理，所以经营者对企业内部事务的了解往往比所有者更清楚。这意味着，代理方通常会因为信息优势而获得额外利益。

在政府向企业提供补贴的关系中，政府是补贴提供方，企业是补贴的受益方，双方在补贴事件上的信息并不对称，发放补贴的过程其实就是双方之间进行信息博弈的过程。企业属于信息优势方，对企业内部运作的全过程十分清楚，而政府作为资金发放者，对企业内部资金及其他投资情况并不是太清楚，且无法深入调查企业内部情况，所以政府就是这段关系中的委托人，企业则是代理人。这种委托代理关系所带来的双方信息不对称，会进一步引发以下三个问题：一是代理人问题，代理人可能会为了谋求自身利益而违背委托人的意愿处理事情。也就是说，企业收到政府给予的补助后为了自身利益，可能会不遵循政府的意愿，擅自将资金挪作他用，最终导致补贴效益不佳。二是道德风险问题，这里所指的道德问题是经济学界常说的“偷懒”和“机会主义行为”。三是隐藏信息的逆向选择问题，在信息方面占据优势的一方可能会隐藏其所知道的情况，而不向对方告知该信息或故意告知部分不完整的信息，使对方做出不恰当的决策。在政府与企业之间的补贴关系中，政府对企业的了解程度必定比不上企业对自身的了解，因此，企业有可能会利用自身相较于政府而言的信息优势取得额外收益。

现代市场中，尽管市场机制可以起到优化资源配置的作用，但仍会出现许多无法解决的问题，需要政府的政策支持，需要进行相应的机制设计与监督。公共政策的主体是政府，其为解决特定时期的某一公共问题做出决定并加以实施。公共政策灵活多样、功能广泛，能够有效地解决和改善社会问题，促进社会发展。税收政策是重要的经济政策，是一个国家为在某一时期内完成具体的发展任务而制定的税收分配活动原则与指导思想，对企业的生产和发展具有巨大的激励与引导作用。政府利用合理的财税政策对企业的科技创新活动进行鼓励，进一步弥补了市场失灵问题。政府通过鼓励引进和培养科技人才，保证企业融资渠道畅通，支持企业科技创新，促进企业研发成果转化，从而达到降低企业成本、减少投入风险、提高研发收益等目标。企业基于创新活动的高度保密性特征，很少向外界披露与公开。因此，外部投资者可以得到的企业相关创新活动的信息比较有限，投资的意愿也会随之降低。这种现象引发的问题是企业创新融资的难度会加大。在这个背景之下，国家为制造业企业提供创新补贴，财政补贴的增加会向外界释放融资信号，从而对制造业企业产生激励作用，增加对创新活动的资金投入。除此之外，企业内部也有由信息不对称引发的问题，这会在某种程度上阻碍政府的研发补贴有效地转化为研发支出，进而投放到企业的创新活动中。高内部控制质量可以缓解企业内部的信息不对称的矛盾，推动企业对创新活动进行投入。

（三）资源基础理论

1984 年，沃纳菲尔特（B. Wernerfelt）发表了《企业的资源基础论》，这标志着资源基础论的诞生。

根据资源基础论可知，企业拥有不同的有形资源和无形资源，这些资源可以转化为独特的能力。这些独特的资源和能力是企业持久竞争优势的来源，而资源在企业之间是不可流动和难以复制的。企业的技术创新活动是企业重要的战略行为或战略选择，它们受到企业资源基础和制度环境的影响。不同类型的技术创新活动可能对资源基础的要求不同，受制度环境的影响也不同，因此，企业进行的搜寻、发现、实验、风险承担等相关创新活动的类型也不同。根据资源基础论，政府支持可以加强企业的资源基础，从而对企业的技术创新活动产生积极的影响。然而，对于不同类型的技术创新活动而言，它们需要的资源基础可能存在差异，这就意味着政府支持对不同类型技术创新的效果可能存在差异。

忽略企业性质与企业所处制度环境的差异，将无法进一步区分技术创新的差异，如对创新质量的讨论。政府支持包括财税政策，设立专项资金用于支持技术引进、消化吸收和再创新，用政府采购促进自主创新，以及用金融政策促进创新创业等方面。政府支持与企业技术创新之间的关系可能因为企业性质和制度环境的不同而产生差异；此外，对于不同类型的企业技术创新，政府支持的作用也可能存在差异。

三、本章小结

本章首先对政府支持政策、财政补贴、税收优惠及企业技术创新等相关概念进行了界定。政府用于技术创新支持的财政政策工具包括财政补贴和税收优惠。财政补贴是一种事前补贴，一般包括政府向企业提供财政贴息、研究开发补贴、政策性补贴等。税收优惠是一种市场竞争和调控的手段，是一个国家针对某些特定地区、特定产业的特定交易形式所采取的措施，本书所指的税收优惠是指国家为了促进企业的发展而给予的所得税优惠照顾。关于企业技术创新概念的界定，笔者认为，技术创新既包括创新过程，又包含创新结果，其内涵为企业在一定经营期间内，通过一系列经营活动和努力所取得的成果。

在本章中，笔者还对内部控制的内涵包括内部控制的相关背景、内部控制的含义和目标进行了相关阐述，同时，从理论层面阐述了政府干预理论和委托代理理论、资源基础理论，为政府支持政策对公司技术创新影响的实证研究奠定了理论基础。

第四章　政府支持政策与企业技术创新的实证分析

企业的研发创新活动往往受到外部环境和高风险等因素的影响。企业无法完全占有研发成果所带来的收益，这往往会抑制企业进行研发创新的积极性。政府通过制定相关政策为企业提供支持，可以降低或分担企业在研发创新过程中面临的成本和风险，从而激励和引导企业进行创新活动。本章将采用实证分析方法检验政府财税支持政策与企业技术创新的激励效果。

一、理论分析和假设提出

（一）财政补贴对企业技术创新的影响

政府在促进企业技术创新中发挥着重要作用。学术界对于财政补贴与企业创新之间的关系存在不同的研究结论，即促进论、抑制论等不同观点并存。

持促进论观点的学者认为，财政补贴可以积极促进企业的创新活动。此外，企业的知识储备、规模及所处行业的技术水平等因素都会以不同的程度影响这种激励效果（Branstetter & Sakakibara，2002；朱平芳、徐伟民，2003；白俊红、李婧，2011）。鉴于企业创新的高风险和长投资周期的特性，外部市场力量很难正确配置企业进行创新所需的资源。因此，政府必须介入监督（杨加猛、李心武，2020）。当企业面临内部资金紧张和外部融资限制时，财政补贴可以直接增加企业的研发资金，并且通过挤入效应吸引更多的微观主体和宏观主体支持企业的创新活动。这不仅可以有效缓解企业的融资限制，而且可以为企业的创新活动创造一个更加宽松的融资环境（聂秀华、吴青，2019）。

部分学者支持抑制论，主张政府干预会阻碍企业的创新活力，降低创新效率。这些学者（Lichtenberg，1984；Wallsten，2000）认为，财政补贴可能会“挤出”企业的研发投入，削弱企业的创新动力。此外，这些学者还指出，获得更多的财政补贴的企业并不一定能够产生更高质量的创新成果，因为财政补贴会增加逆向选择的可能性，导致企业只关注政府重点支持的领域，而忽视自身的创新项目。财政补贴与企业创新绩效之间的关系并非直接的线性关系，而是倒“U”型关系。过低或过高的财政补贴都会抑制企业的创新绩效，即财政补贴对企业的创新绩效存在双重门槛效应。因此，当财政补贴强度小于12.35%时，财政补贴会抑制创新绩效；当财政补贴强度高于12.35%小于25.74%时，财政补贴对创新绩效的抑制作用减弱；当财政补贴强度大于25.74%时，财政补贴对企业创新绩效的激励作用最明显。但是，过度的财政补贴也有可能产生相反的效果（Zhang，2019）。

基于以上分析，本书提出了假设H4-1a、假设H4-1b。

假设H4-1a：其他条件不变，财政补贴会促进企业的技术创新产出。

假设H4-1b：其他条件不变，财政补贴会抑制企业的技术创新产出。

（二）税收优惠对企业技术创新的影响

根据市场失灵理论，企业的研发和创新活动往往具有高度的不确定性和风险，同时，创新成果具有公共性和正外部性的特点。政府可以通过税收优惠等方式将一部分收入让渡给企业，从而帮助企业分担风险和降低创新成本，提高企业的创新效率。Czarnitzki等（2011）以加拿大企业的数据为样本进行调查，发现获得税收抵免的企业更有可能加大研发新产品的投入。税收优惠（如税前加计扣除技术人员的工资和培训费）降低了公司的资金成本，增加了公司的留存收益和现金流（陈洋林等，2018；陈远燕等，2018）。基于信息不对称理论，税收优惠政策表明政府对公司和相关行业进行支持，这使得银行和外部债权人更愿意以较低的成本将资金出借给这些公司。因此，公司能够更容易地获得资金支持，这在一定程度上缓解了融资约束困境，从而提高了公司的技术创新产出。

也有学者研究发现，税收优惠并不能促进企业技术创新，甚至有抑制论观点的支持者认为税收优惠会抑制企业技术创新。Eisner 等（1984）发现，税收优惠对企业创新活动的促进作用有限，甚至还会产生抑制作用。阎维洁（2007）认为，企业所得税的税收优惠除了在活跃技术市场方面发挥了重要作用，在对技术创新各环节的促进激励方面效果不明显。韩凤芹和陈亚平（2021）以高新技术企业为例，采用享受减按 15% 的税率征收企业所得税的优惠政策，并使用 2012—2019 年上市公司的数据进行了实证分析。研究结果表明，该税收优惠并未明显提高企业开展突破性创新的意愿，也没有显著提高企业在技术市场上的认可度，同时对企业在产业链中的地位也没有明显的提升作用。因此，本书提出了假设 H4 - 2a、假设 H4 - 2b。

假设 H4 - 2a：在其他条件不变时，税收优惠水平会促进企业的技术创新产出。

假设 H4 - 2b：在其他条件不变时，税收优惠水平会抑制企业的技术创新产出。

（三）政府支持政策的比较研究

根据文献分析可知，财政补贴和税收优惠这两种政府补助方式均可降低企业研发创新活动的风险并激励企业进行研发创新。在考虑这两种政府补助政策的激励效应时，财政补贴在政府的可控性和可预测性方面优于税收优惠。从理论分析的角度来看，如果企业能有效利用政府财政补贴，那么因成本和风险等因素无法实施的研发创新项目就可以实施。此外，政府对创新活动的政策激励也会使企业更加重视自身的研发活动，并提高研发资金、人员投入强度及对研发过程和结果的监管力度。因此，财政补贴可以增加企业的专利数量，激励企业的创新表现。相比较而言，财政补贴可以直接投入到创新项目中，加速专利产出的过程，从而促进企业的创新表现。然而，我国的税收优惠政策以所得税优惠为主，且多为事后补贴，需要企业获得专利产出并将其转化为商业化的产品，获得商业利润后才能获得更多的税收优惠。这对于研发创新基础不够的企业来说，可能会抑制其创新表现。从这两种补助方式的影响机制来看，财政补贴对企业创新表现的激励效果强于税收优惠。此外，税收优惠政策可能存在资源错配的问题，使其对企业研发创新投入的激励效应弱于财政补贴。因此，本书提出了假设 H4 -3。

假设 H4 -3：政府的财政补贴和税收优惠政策都可以激励企业的创新表现。与税收优惠相比，财政补贴对企业创新表现的激励作用更加显著。

（四）政府财税支持政策对不同产权性质企业创新的影响

有学者认为，国有企业比非国有企业更具创新性（李春涛、宋敏，2010），因为国有企业的经济地位决定了其接受政府创新支持的机会更多。但也有学者认为，非国有企业比国有企业的研发投资意愿更加强烈（Lin et al.，2010），而且非国有企业的研发效率高于国有企业（Zhang et al.，2003；刘瑞明、石磊，2010）。

由于创新活动具有风险大和回收周期长等特点，不同产权性质的企业的创新行为呈现出不同的特点。国有企业和非国有企业（主要指民营企业）在财政补助获取难易度、纳税动机和行为方面存在很多的差异，因此，政府支持政策可能对国有企业和民营企业产生非对称的影响。相较于国有企业，民营企业的融资渠道相对狭窄，研发活动的资金约束也相对较大。对民营企业来说，获得补助或降低税负是直接扶持，可为企业创新提供更多的资金支持。因此，民营企业可能对补助或税负变化更加敏感，从财政补助或税收优惠政策中获得的激励也更加明显。而国有企业因为长期得到政府扶持，融资的路径选择相对宽松，从事研发活动的资金约束相对较小，所以对于税收优惠的敏感性可能相对较低。

笔者认为，相较于国有企业，政府支持政策对非国有企业的激励效果更强，主要原因有以下两个方面。

第一，委托代理关系明晰使民营企业的创新意愿更强。非国有企业的股权控制者一般为自然人或家族，属于私有产权主体，其私有产权属性增加了其参与企业创新的积极性，因此，其利益分配的主体和目的更具体明确（吴延兵，2012），这使得自然人或家族更倾向于通过企业运营获取经济收益和良好的社会声誉，从而具有更强的参与企业创新的动机；而国有企业的股权控制者为各级政府或其代理人，享受利益分配的主体相对抽象，容易出现“搭便车效应”，因此缺乏创新激励（杨清香等，2010）。

第二，创新控制权和创新收益权的不匹配。由于创新性投资项目存在长期性和不确定性，企业经营者承担了创新投资所带来的高风险，但可能无法享受到创新项目所带来的投资收益，因此，国有企业更倾向于追求稳定收益目标，这会引发逆向选择和道德风险，从而抑制了国有企业的创新。相比之下，非国有企业中控制权和索取权的划分更为清晰，政府干预程度较低，这在一定程度上缓解了企业的委托代理问题，因此，非国有企业相对更具有创新性。基于这些分析，本书提出假设 H4－4a、假设 H4－4b。

假设 H4－4a：与国有企业相比，非国有企业更容易从财政补贴政策中获得创新激励。

假设 H4－4b：与国有企业相比，非国有企业更容易从税收优惠政策中获得创新激励。

（五）政府财税支持政策对不同地区企业技术创新的影响

Bronwyn 和 Mairesse（1995）研究后认为，政府补助能够激励企业进行研发投入，并且指出政策或企业外部环境不同可能导致激励效应存在差异。企业所处的地区会因市场化程度、经济发展水平和内部治理水平等方面的差异而影响政府补助对企业创新的激励效果。

王一卉（2013）在考虑企业所有制、经验和所处地区的情况下，研究了政府补助对企业创新绩效的影响差异。其他相关研究也指出，市场化程度的不同也会导致不同地区的企业的创新效率存在显著差异。因此，可以认为，当企业自身条件和所处环境不同时，政府补助对企业创新的影响效果可能存在差异。当企业位于不同地区时，例如，相对于非东部地区企业，东部地区企业拥有更强的经济基础，其开放程度和管理水平更高，内部治理更为科学完善。因此，东部地区企业获得政府财政补贴后，可以更充分地利用政府资金，合理有效地组织创新活动，即政府财政补贴对东部地区企业的研发投入和创新表现的激励作用更为显著。

由于我国的税收优惠政策主要体现在对研发活动的事后优惠，因此，与非东部地区企业相比，东部地区企业具有更强的盈利能力，可以获得更多的税收优惠，从而促使企业能够投入更多的资金用于研发活动。长期的盈利和持续的税收优惠使东部地区企业在创新方面表现更好。然而，对于许多发展中的非东部地区企业来说，它们没有得到足够的税收减免或者没有将既得的税收优惠用于弥补日常运营等，导致研发资金投入不足，抑制了企业的创新表现，从而降低了税收优惠对非东部地区企业创新活动的激励效应。因此，可以认为税收优惠政策对东部地区企业的研发投入和创新表现的激励作用要优于非东部地区企业。因此，本书提出假设 H4－5a 与假设 H4－5b。

假设 H4－5a：与非东部地区企业相比，财政补贴对东部地区企业的研发投入和创新表现的激励效应更强。

假设 H4－5b：与非东部地区企业相比，税收优惠对东部地区企业的研发投入和创新表现的激励效应更强。

二、研究设计

（一）变量定义

1. 被解释变量

本书借鉴 Tan 等（2014）及黎文靖和郑曼妮（2016）的研究，用创新产出数量（*Inno*）、创新产出质量（*IQ*）和创新效率（*IE*）等多维度衡量企业创新能力。即企业创新产出数量（*Inno*）用专利申请数量衡量，创新产出质量（*IP*）用实质性创新（*Subin*）和策略性创新（*Strain*）衡量，创新效率（*IE*）用创新投入和创新产出比衡量，以此对创新能力进行更全面的描述。之所以选择专利申请数量，是因为专利申请数量比专利授权数量更能真实反映创新水平。相较于专利授权数量，专利申请数量的数据会更可靠和及时，因为专利申请数量受外界因素（如专利机构的发放偏好等）影响较小。

专利类型有三种，包括发明专利、实用新型专利和外观设计专利，其中，发明专利的研发周期最长、技术含量最高。基于已有研究文献的讨论（Tan 等，2014；黎文靖、郑曼妮，2016），我们把企业申请发明专利的行为认定为实质性创新（*Subin*），采用发明专利申请数量衡量企业的实质性创新；把企业申请实用新型专利和外观设计专利的行为认定为策略性创新（*Strain*），并采用实用新型专利和外观设计专利申请数量的和来衡量公司的策略性创新产出。由于专利数据呈右偏态分布，参考 Tan 等（2014）的研究，我们分别将创新产出数量（即专利申请数量，*Inno*）、实质性创新（*Subin*）和策略性创新（*Strain*）的申请量加 1，取自然对数，并且用创新投入和创新产出的效率比值衡量创新效率（*IE*），具体公式为创新效率（*IE*）＝专利申请数量/当年及前一年的研发支出之和 $\times 10^6$。

2. 解释变量

解释变量包括财政补助与税收优惠。本书关注的财政补贴（*Sub*）包括相关部门拨付给企业研发活动的研发经费、财政贴息和政策性补贴等。财政补贴数据来源于样本公司年度报告中营业外收入的财政补贴部分。财政补贴计算指标为企业当年获得的财政补贴收入与本期营业收入的比值。

本书所指的税收优惠（*Tax*）只考虑所得税优惠，不包括增值税和其他税费返还等项目。所得税是政府财政收入和企业税负的重要组成部分，大多数研究采用所得税实际税率来衡量税收优惠的程度，其中，实际税率是指企业实际缴纳的所得税占利润总额的比率（Porcano，1986；吴联生，2009）。为了衡量税收优惠政策的力度，研究人员通常使用名义所得税税率与实际税率之间的差异来计算税收优惠幅度。根据数据可知，名义所得税税率为25%。

3．控制变量

根据以往文献（Lee & Chen，2009；Tong et al.，2014；Zhong，2018；Luong et al.，2017）的研究，本书选取了以下可能对企业创新能力产生影响的因素作为控制变量。

（1）财务杠杆（*Lev*）。企业的资金往往由股东和债权人提供，不同的资金来源构成了不同的负债资本结构，这对企业开展创新项目有巨大的影响。若财务杠杆过高，会使企业的管理层谨慎决策，而倾向于选择短期的利益或者更加稳定的项目。因此，本书将采用资产负债率作为财务杠杆指标。

（2）资产净利率（*Roa*）。企业经营的目标之一就是获得利润，获利能力较好的企业往往会更加受投资者青睐，从而获得更多的资金进行创新活动，同时也能降低筹资成本。而经营不善的、获利能力较差的公司则需要付出更大的代价来获得资金，这对企业进行创新活动有不利的影响。因此，本书选择了资产净利率作为控制变量。

（3）企业成长性（*TQ*）。处于不同生命周期的企业，其需求与企业战略都会不一样。处于成长期的企业，寻找自身的核心能力是保证企业能够继续发展的关键，因此会更加注重提升企业的创新研发能力。与此同时，刚进入市场的企业，面对老牌的竞争者，其面临的风险会更多，更加需要提高内部控制质量。因此，本书选择企业托宾 *Q* 值（Tobin's *Q*，*TQ*）作为衡量企业成长性的变量。

（4）企业规模（*Size*）。企业规模是影响企业行为的基本要素之一，根据现有的文献可知，大规模企业的内部控制质量与企业的创新能力呈正相关，而小规模企业虽然更加灵活，但严格的内部控制也在一定程度上制约了其创新能力，因此，小规模企业的内部控制质量与企业创新能力的相关性不显著。本书采用企业的年末总资产余额取自然对数来衡量企业规模。

（5）上市年龄（*Age*）。上市年龄会改变创新产生的组织情境，组织惰性是阻碍企业创新的一个重要因素（Barron et al.，1994）。因此，本书采用公司上市年龄与统计年份差额加1的自然对数作为控制变量之一。

（6）产权性质（*Soe*）。以上市公司的第一大控股股东的所有制为依据，国有企业用数值1来代表，非国有企业取值为0。

（7）股权集中度（*Top*1）。第一大股东持股比例越高的企业，大股东可能越有动力去经营和发展，实施创新。本书以第一大股东持股数量/总股数来衡量。

（8）企业所属地区（*Region*）。按照研究经济问题通行的地区划分方法，依据《中共中央　国务院关于促进中部地区崛起的若干意见》和《国务院关于实施西部大开发若干政策措施的通知》，按照公司注册地将公司所在区域划分为东部、中部和西部地区。东部地区有北京、天津、河北、辽宁、上海、江苏、浙江、福建、山东、广东和海南；中部地区有山西、内蒙古、吉林、黑龙江、安徽、江西、河南、湖北、湖南；西部地区有四川、贵州、云南、西藏、陕西、甘肃、青海、宁夏、新疆、广西。[①]

为了消除行业、时间对模型检验效果的影响，本书设置了行业虚拟变量（*Ind*）、时间虚拟变量（*Year*）。变量定义见表4－1。

表4－1　变量定义

变量名称	变量符号	衡量指标
创新产出数量	*Inno*	ln(上市公司专利申请数＋1)
创新效率	*IE*	专利申请数量/当年及前一年的研发支出之和 $\times 10^6$

① 参见《国务院发布关于西部大开发若干政策措施的实施意见》（国发〔2000〕33号），中国政府网，2000年10月26日，见 https://www.gov.cn/gongbao/content/2001/content_60854.htm；刘智勇、李海峥、胡永远等《人力资本结构高级化与经济增长——兼论东中西部地区差距的形成和缩小》，载《经济研究》2018年第53卷第3期，第50—63页。

续表 4－1

变量名称	变量符号	衡量指标
实质性创新	*Subin*	ln（发明专利数＋1）
策略性创新	*Strain*	ln（实用新型和外观设计专利之和＋1）
财政补贴	*Sub*	当期财政补贴总额/企业营业收入
税收优惠	*Tax*	名义税率－所得税费用/息税前利润
资产净利率	*Roa*	净利润/平均资产总额×100%
企业规模	*Size*	ln（上市公司年末总资产余额）
财务杠杆	*Lev*	年末负债总额/资产总额
企业成长性	*TQ*	营业收入变动额/上期营业收入
上市年龄	*Age*	ln（2019－公司上市年龄＋1）
产权性质	*Soe*	国有企业为1，非国有企业为0
股权集中度	*Top*1	第一大股东持股比例＝第一大股东持股数量/总股数
企业所属地区	*Region*	东、中、西部三大经济地区分别用1、2、3指代
年份	*Year*	控制年度影响
行业	*Ind*	控制行业影响

（二）模型建立

为了探讨政府财税支持政策是否提高了企业技术创新产出，本书参考Tan等（2014）及黎文靖和郑曼妮（2016）的研究，建立了如式（4－1）的模型：

$$Inno_{i,t+1} = \alpha_1 + \alpha_2 Sub_{i,t}(Tax_{i,t}) + \alpha_3 \sum Control_{i,t} + \sum Year + \sum Ind + \varepsilon_{i,t} \tag{4-1}$$

式中：*Inno* 代表企业的技术创新产出；*Sub* 代表财政补贴；*Tax* 代表税收优惠；*Control* 代表控制变量，包括资产净利率（*Roa*）、公司成长性（*TQ*）、财务杠杆（*Lev*）、上市年龄（*Age*）、企业规模（*Size*）、产权性质（*Soe*）、股权集中度（*Top*1）；*Year* 和 *Ind* 用于控制年度和行业固定效应。此外，i 表示沪深A股第 i 家公司，t 表示年份，$\varepsilon_{i,t}$ 为随机误差项。各变量的详细定义及测量方法见表4－1。所有回归分析都采用 Robust 调整标准误差。在对式（4－1）表示的模型进行回归分析前，需根据 F 检验和 Hausman 检验选择最佳模型。

（三）样本选择与数据来源

我国《企业内部控制基本规范》和《企业内部控制配套指引》于2012年开始在主板上市公司实施。因此，本书以2012—2019年沪深A股上市公司的数据作为研究样本。首先，对初始数据进行如下筛选：①剔除了ST及*ST的上市公司和金融类上市公司；②剔除了相关数据披露不全及数据缺失的公司，最终共得到了11558个观测样本。其中，内部控制水平数据来自深圳迪博公司的“中国上市公司内部控制指数”数据库，财政补贴数据来源于万德数据库，其他变量数据来自国泰安数据库。为了减少极端值的影响，本书对连续变量进行了1%和99%的缩尾处理。

三、研究结果及分析

（一）描述性统计

1. 总体描述性统计

表4－2为主要变量的描述性统计结果。从表中可以发现，创新产出数量（*Inno*）的均值为1.7622，标准差为1.6488，中位数为1.6094，低于均值，表明样本公司间的专利申请数量差异较大，创新能力参差不齐。创新效率（*IE*）的均值为0.9980，标准差为2.0595，中位数为0.1671，远低于均值，表明创新效率较高的公司不到一半。企业实质性创新（*Subin*）与策略性创新（*Strain*）的均值分别为1.2081、0.8850，实质性创新的均值略大于策略性创新，表明企业的实质性创新水平较强，反映了我国企业的创新已经开始更多地集中在发明创造上，总体创新能力在提升。本书的研究结果与黎文靖和郑曼妮（2016）的研究中发明专利与非发明专利的均值比较结果相反，可能的原因在于黎文靖和郑曼妮（2016）的研究样本区间为2001—2010年的数据，而本书研究的数据的时间段在2012—

2019 年期间，这一时期我国的经济发展模式已经开始发生转变，再加上国家大力发展创新战略，新兴产业整体发明专利的数量开始出现增长，说明我国企业制度创新和技术创新均取得了一定成果。

财政补贴（*Sub*）的均值（即财政补贴总额与营业收入的比值）为 0. 0113，标准差为 0. 0165，表明享受财政补贴的企业获得的金额相对较为稳定；财政补贴（*Sub*）的最大值为 0. 0970，最小值为 0，差距较大，表明政府对企业创新资源投入具有选择性，这与现实的政策和情况相符。税收优惠（*Tax*）的均值为 0. 0880，标准差为 0. 1630，表明企业实际享受的税收优惠差异较大。内部控制质量（*IC*）的均值为 6. 4140，其均值与中位数（6. 6777）较接近，但是最大值（8. 2920）和最小值（0）相差较大，可能是由于样本企业分布在不同行业，经营范围差异较大，产权及成立年限也均不同，最终导致内部控制措施设计及实施效果差别较大。控制变量中，资产净利率（*Roa*）的均值为 0. 0392，与中位数（0. 0362）接近，最大值（0. 1900）和最小值（－0. 1880）之间差异较大，表明企业的经营能力差异较大。财务杠杆（*Lev*）即资产负债率的均值为 0. 4262，与中位数接近，最大值为 0. 8910，财务风险极高，有 1/4 的公司的杠杆率都超过了 57. 69%，表明财务风险较高；股权集中度（*Top*1）即第一大股东持股比例，其最大值为 0. 7430，最小值为 0. 0956，均值为 0. 3546，表明样本企业的股权集中度差异也较大。企业规模（*Size*）最大值为 26. 3820，最小值为 20. 0820，均值为 22. 3417，表明样本企业在规模上并不存在较大差异且企业都有一定的规模。从表 4－2 中还可以看出，除创新效率（*IE*）、财政补贴（*Sub*）和研发投入（*RD*）外，其他各项变量的均值都与其中位数接近，表明样本趋向于正态分布。样本中企业研发投入（*RD*）的最大值和最小值差额很大，表明不同企业对于研发创新活动的重视程度不同。

表 4－2　总体描述性统计

变量符号	样本量	均值	标准差	中位数	最小值	最大值
Inno	11558	1. 7622	1. 6488	1. 6094	0. 0000	6. 2710
IE	11558	0. 9980	2. 0595	0. 1671	0. 0000	12. 8520

续表 4-2

变量符号	样本量	均值	标准差	中位数	最小值	最大值
Subin	11558	1.2081	1.3578	0.6931	0.0000	5.5410
Strain	11558	0.8850	0.9952	0.7413	0.0000	4.5770
Sub	11558	0.0113	0.0165	0.0055	0.0000	0.0970
Tax	11558	0.0880	0.1630	0.0983	-0.5780	0.7710
RD	11558	4.0143	4.1057	3.2700	0.0000	23.5900
IC	11558	6.4140	1.3122	6.6777	0.0000	8.2920
Roa	11558	0.0392	0.0535	0.0362	-0.1880	0.1900
TQ	11558	2.0219	1.2359	1.6260	0.8650	7.9980
*Top*1	11558	0.3546	0.1449	0.3375	0.0956	0.7430
Lev	11558	0.4262	0.2000	0.4183	0.0570	0.8910
Age	11558	1.9880	0.9534	2.1972	0.0000	3.2190
Size	11558	22.3417	1.3086	22.1482	20.0820	26.3820
Soe	11558	0.4053	0.4910	0.0000	0.0000	1.0000
Region	11558	1.4750	0.7339	1.0000	1.0000	3.0000

2. 财政补贴和税收优惠的企业异质性分布

本书充分考虑了企业间的差异，通过设置企业所有制和地区的虚拟变量来反映企业的异质性。通过表 4-3 和表 4-4 的数据，可以发现，非国有企业的创新产出高于国有企业的创新产出，非国有企业财政补贴（*Sub*）的均值为 0.0123，高于国有企业的补贴均值（0.0099）；非国有企业的税收优惠（*Tax*）（0.0988）高于国有企业的税收优惠（0.0721）。由于本书的财政补贴（*Sub*）是均值，采用“当期财政补贴总额/企业营业收入”的计算公式计算，虽然国有企业的补贴绝对值会大于非国有企业，但是国有企业营业收入的绝对值也相对较高，故按照计算公式“当期财政补贴总额/企业营业收入”的计算结果，非国有企业的财政补贴均值大于国有企业的财政补贴均值。由于本书进行了缩尾处理（将一组数据中超出指定百分位数值的数据使用该指定百分位数保留的临近数值替换，称为缩尾处理），所以不同样本分布中的最大值和最小值并无差异。

表 4-3 分样本描述性统计（国有企业样本组）

变量符号	样本量	均值	标准差	中位数	最小值	最大值
Inno	4684	1.6474	1.7840	1.0986	0.0000	6.2710
IE	4684	0.5550	1.3724	0.0445	0.0000	12.8520
Subin	4684	1.1959	1.4933	0.6931	0.0000	5.5410
Strain	4684	0.8025	1.0034	0.5266	0.0000	4.5770
Sub	4684	0.0099	0.0156	0.0045	0.0000	0.0970
Tax	4684	0.0721	0.1848	0.0839	-0.5780	0.7710
RD	4684	2.8583	3.2314	2.2000	0.0000	23.5900
IC	4684	6.3765	1.4975	6.6835	0.0000	8.2920
Roa	4684	0.0288	0.0507	0.0264	-0.1880	0.1900
TQ	4684	1.7981	1.1064	1.4242	0.8650	7.9980
*Top*1	4684	0.3917	0.1489	0.3845	0.0956	0.7430
Lev	4684	0.5055	0.1964	0.5130	0.0570	0.8910
Age	4684	2.5444	0.6502	2.7726	0.0000	3.2190
Size	4684	22.9419	1.3965	22.7951	20.0820	26.3820
Soe	4684	1.0000	0.0000	1.0000	1.0000	1.0000
Region	4684	1.6644	0.8012	1.0000	1.0000	3.0000

表 4-4 分样本描述性统计（非国有企业样本组）

变量符号	样本量	均值	标准差	中位数	最小值	最大值
Inno	6874	1.8405	1.5452	1.9459	0.0000	6.2710
IE	6874	1.2999	2.3715	0.3313	0.0000	12.8520
Subin	6874	1.2164	1.2573	1.0986	0.0000	5.5410
Strain	6874	0.9413	0.9856	0.8697	0.0000	4.5770
Sub	6874	0.0123	0.0171	0.0063	0.0000	0.0970
Tax	6874	0.0988	0.1453	0.1034	-0.5780	0.7710
RD	6874	4.8019	4.4384	3.7200	0.0000	23.5900
IC	6874	6.4396	1.1686	6.6752	0.0000	8.2920
Roa	6874	0.0463	0.0542	0.0448	-0.1880	0.1900

续表4-4

变量符号	样本量	均值	标准差	中位数	最小值	最大值
TQ	6874	2.1744	1.2950	1.7614	0.8650	7.9980
*Top*1	6874	0.3293	0.1365	0.3113	0.0956	0.7430
Lev	6874	0.3721	0.1837	0.3601	0.0570	0.8910
Age	6874	1.6088	0.9411	1.6094	0.0000	3.2190
Size	6874	21.9326	1.0665	21.8044	20.0820	26.3820
Soe	6874	0.0000	0.0000	0.0000	0.0000	0.0000
Region	6874	1.3459	0.6535	1.0000	1.0000	3.0000

3. 企业地区分布异质性的描述性统计

表4-5至表4-7进一步展示了企业在不同发展水平地区的异质性分布。可以看出，在地区分布层面，东部企业数量较多，约占总数的66.96%，西部企业数量相对较少。东部企业的创新产出数量（*Inno*）均值（1.8193）最大，中部地区的创新产出数量均值（1.7877）次之，西部地区的创新产出数量均值（1.4650）最小。就接受财政补贴（*Sub*）这方面来说，东部地区企业和中部地区企业的补贴比率相近，且高于西部地区企业。就接受税收优惠（*Tax*）的幅度来说，东部地区企业接受的税收优惠最多，中部地区企业接受的税收优惠最少。

表4-5　分样本描述性统计（东部地区样本组）

变量符号	样本量	均值	标准差	中位数	最小值	最大值
Inno	7739	1.8193	1.6460	1.7918	0.0000	6.2710
IE	7739	1.0872	2.1470	0.2051	0.0000	12.8520
Subin	7739	1.2570	1.3687	1.0986	0.0000	5.5410
Strain	7739	0.9239	1.0037	0.7413	0.0000	4.5770
Sub	7739	0.0114	0.0164	0.0056	0.0000	0.0970
Tax	7739	0.0889	0.1535	0.0977	-0.5780	0.7710
RD	7739	4.3697	4.3415	3.4600	0.0000	23.5900
IC	7739	6.5121	1.1747	6.7195	0.0000	8.2920

续表4－5

变量符号	样本量	均值	标准差	中位数	最小值	最大值
Roa	7739	0.0426	0.0523	0.0400	－0.1880	0.1900
TQ	7739	2.0461	1.2402	1.6563	0.8650	7.9980
*Top*1	7739	0.3531	0.1458	0.3333	0.0956	0.7430
Lev	7739	0.4111	0.1959	0.4050	0.0570	0.8910
Age	7739	1.8579	0.9746	1.9459	0.0000	3.2190
Size	7739	22.2845	1.3309	22.0794	20.0820	26.3820
Soe	7739	0.3299	0.4702	0.0000	0.0000	1.0000
Region	7739	1.0000	0.0000	1.0000	1.0000	1.0000

表4－6　分样本描述性统计（中部地区样本组）

变量符号	样本量	均值	标准差	中位数	最小值	最大值
Inno	2148	1.7877	1.7051	1.6094	0.0000	6.2710
IE	2148	0.9409	2.0331	0.1360	0.0000	12.8520
Subin	2148	1.2063	1.3883	0.6931	0.0000	5.5410
Strain	2148	0.8721	1.0042	0.7413	0.0000	4.5770
Sub	2148	0.0114	0.0169	0.0055	0.0000	0.0970
Tax	2148	0.0860	0.1807	0.0991	－0.5780	0.7710
RD	2148	3.4542	3.4184	3.0450	0.0000	23.5900
IC	2148	6.2871	1.4157	6.6062	0.0000	8.2920
Roa	2148	0.0339	0.0539	0.0308	－0.1880	0.1900
TQ	2148	1.9489	1.2231	1.5465	0.8650	7.9980
*Top*1	2148	0.3485	0.1417	0.3334	0.0956	0.7430
Lev	2148	0.4555	0.2025	0.4497	0.0570	0.8910
Age	2148	2.2504	0.8392	2.5649	0.0000	3.2190
Size	2148	22.4582	1.2369	22.3942	20.0820	26.1810
Soe	2148	0.5354	0.4989	1.0000	0.0000	1.0000
Region	2148	2.0000	0.0000	2.0000	2.0000	2.0000

表4－7　分样本描述性统计（西部地区样本组）

变量符号	样本量	均值	标准差	中位数	最小值	最大值
Inno	1671	1.4650	1.5547	1.3863	0.0000	6.2710
IE	1671	0.6582	1.5881	0.0741	0.0000	12.8520
Subin	1671	0.9838	1.2410	0.0000	0.0000	5.5410
Strain	1671	0.7217	0.9250	0.5266	0.0000	4.5770
Sub	1671	0.0110	0.0164	0.0054	0.0000	0.0970
Tax	1671	0.0863	0.1810	0.0997	－0.5780	0.7710
RD	1671	3.0879	3.5283	2.3500	0.0000	23.5900
IC	1671	6.1230	1.6719	6.5634	0.0000	8.2920
Roa	1671	0.0303	0.0569	0.0263	－0.1880	0.1900
TQ	1671	2.0039	1.2292	1.6092	0.8650	7.9980
*Top*1	1671	0.3689	0.1441	0.3618	0.0956	0.7430
Lev	1671	0.4580	0.2077	0.4484	0.0570	0.8910
Age	1671	2.2532	0.8641	2.6391	0.0000	3.2190
Size	1671	22.4565	1.2766	22.2552	20.0820	26.3820
Soe	1671	0.5871	0.4925	1.0000	0.0000	1.0000
Region	1671	3.0000	0.0000	3.0000	3.0000	3.0000

4. 财税政策强度与企业专利产出

为了更好地研究财政补贴和税收优惠对企业创新的激励效应，本书根据财政补贴的高低和税收优惠的强度将政府财税支持政策分为低、中、高三个等级，并使用各年组内的平均值来代表各个指标。图4－1和图4－2分别展示了2012—2019年在不同财政补贴和税收优惠水平下专利产量即创新产出数量的变化情况。

从图4－1可以看出，总体上，财政补贴对专利产量具有正向的激励作用。高财政补贴组在2016—2018年期间的激励效应较大，但近几年的效果逐渐减弱；中财政补贴组的激励效应区间大部分在1.8～2.0，激励效果相对稳定；低财政补贴组在2017—2018年期间产生了最大的激励效应。因此，可以初步得出结论，财政补贴对企业具有正向的创新激励作用，但过度追求高额财政补贴并不能实现最佳的创新激励效果。

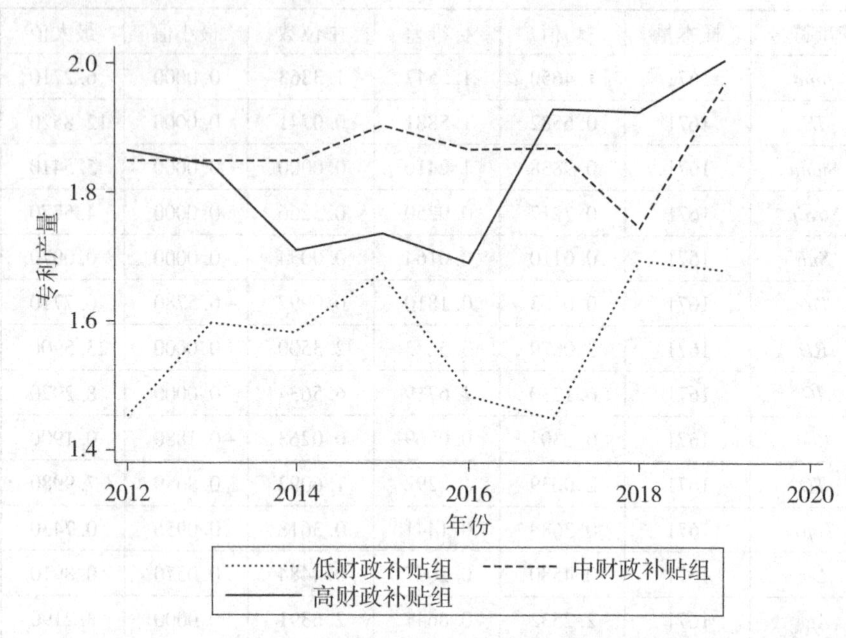

图 4－1　不同财政补贴下的创新产出数量

通过观察图 4－2，可以看出税收优惠政策总体上对企业的专利产量具有正向的激励作用，并且不同强度的税收优惠对企业的影响也有明显的特点。低财政补贴组在样本期间对专利产量的影响一直较小，中、高财政补贴组对专利产量的影响较为显著，但高财政补贴组对专利产量的正向激励反而低于中财政补贴组，这初步表明税收优惠也要适度，过高反而会抑制企业创新。

结合对图 4－1 和图 4－2 的分析，可以看出总体上，财政补贴和税收优惠能够提升企业专利产出数量，但不能持续激励企业创新，过高的财政补贴和税收优惠反而呈现出激励效应减弱的趋势。这也在一定程度上说明，给予适度的财政补贴和适度增加税收优惠的合理性。

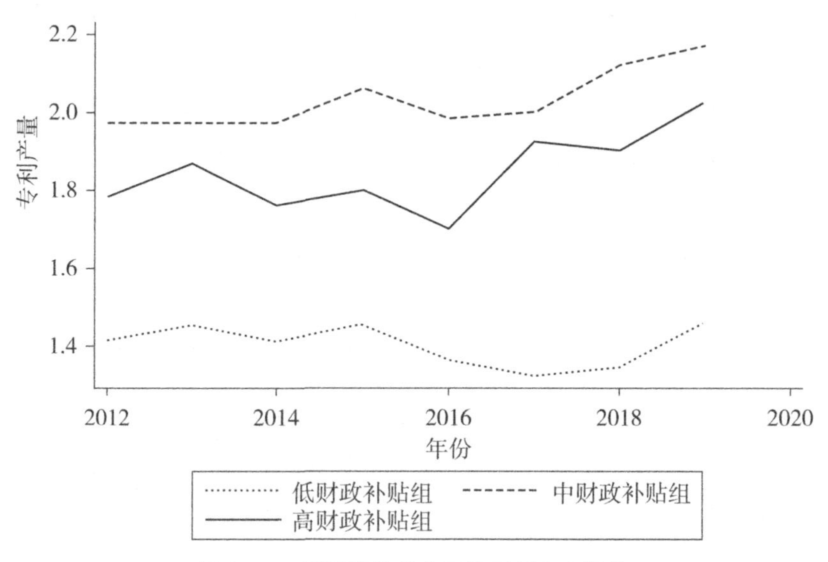

图4－2 不同税收优惠下的创新产出数量

（二）相关性分析

表4－8为财政补贴对企业创新投入的各变量相关性分析。由此可知，模型中各重要变量均达到了显著相关水平。其中，财政补贴（*Sub*）与创新产出数量（*Inno*）显著相关，表明财政补贴能激励企业创新产出，假设H4－1a得到了初步验证。

由表4－8还可以看出，各变量之间的相关系数几乎都小于0.5，模型的共线性并不严重，因此该模型的假设合理。财政补贴与企业创新产出呈正相关，财务杠杆（*Lev*）、企业规模（*Size*）及资产净利率（*Roa*）与财政补贴（*Sub*）呈负相关。此外，还计算了各主要变量的方差膨胀因子系数，发现大部分方差膨胀系数都在2左右，均小于10，表明模型不存在多重共线性。

（三）财政补贴的激励效应分析

1. 总体激励效应分析

为了检验研究假设，本书对式（4－1）表示的模型进行了多元回归分

表 4-8　皮尔森相关系数

变量符号	*Inno*	*Sub*	*Tax*	*RD*	*IC*	*Roa*	*TQ*	*Top*1	*Lev*	*Age*	*Size*	*Soe*	*Region*
Inno	1	—	—	—	—	—	—	—	—	—	—	—	—
Sub	0.019	1	—	—	—	—	—	—	—	—	—	—	—
Tax	0.073	0.085	1	—	—	—	—	—	—	—	—	—	—
RD	0.178	0.373	0.189	1	—	—	—	—	—	—	—	—	—
IC	0.088	-0.043	-0.078	-0.005	1	—	—	—	—	—	—	—	—
Roa	0.110	-0.020	-0.092	0.032	0.381	1	—	—	—	—	—	—	—
TQ	-0.045	0.147	0.075	0.267	-0.047	0.168	1	—	—	—	—	—	—
*Top*1	0.021	-0.060	-0.060	-0.164	0.083	0.083	-0.105	1	—	—	—	—	—
Lev	-0.019	-0.146	-0.075	-0.323	-0.119	-0.396	-0.308	0.073	1	—	—	—	—
Age	-0.166	-0.096	-0.089	-0.228	-0.116	-0.214	-0.028	-0.085	0.357	1	—	—	—
Size	0.054	-0.161	-0.124	-0.291	0.097	-0.035	-0.409	0.221	0.540	0.425	1	—	—
Soe	-0.058	-0.072	-0.080	-0.232	-0.024	-0.161	-0.149	0.211	0.327	0.482	0.379	1	—
Region	-0.067	-0.008	-0.007	-0.123	-0.112	-0.091	-0.021	0.028	0.100	0.179	0.057	0.213	1

析，且模型均对年度效应和行业效应进行了控制。具体结果见表4－9。

表4－9第（1）列中，财政补贴（*Sub*）的系数估计值为3.1975，在1%的水平上显著为正，表明接受了财政补贴资金的公司的创新产出数量（*Inno*，专利申请总数量）有提升，财政补贴具有创新激励性。第（2）列中，财政补贴（*Sub*）的系数估计值为4.1400，在1%的水平上显著为正，表明财政补贴确实具有创新激励性，提升了实质性创新（*Subin*）产出，表现为公司发明专利申请数量显著增加。第（3）列中，财政补贴（*Sub*）的系数估计值为2.0006，且在1%的水平上显著为正，表明接受财政补贴的公司的非发明专利申请数量增加，但是其系数小于发明专利的回归系数，这也说明接受财政补贴的企业更多地实现了高质量的发明专利，企业的创新并不只是追求数量的策略性行为，还在一定程度上实现了创新能力的提升。第（4）列，财政补贴（*Sub*）的系数估计值为18.6682，在1%的水平上显著为正，表明接受财政补贴的企业创新效率（*IE*）显著提高。从控制变量的回归结果看，资产净利率（*Roa*）、企业规模（*Size*）、产权性质（*Soe*）与企业创新产出数量（*Inno*）呈显著正相关，表明盈利状况好、规模大且产权性质为国有的企业创新能力更强；而上市年龄（*Age*）和股权集中度（*Top*1）与创新能力呈显著负相关，意味着上市年限长、股权集中度高的企业的创新能力会受到一定程度的抑制。上述控制变量的分析结果与国内外大多数学者的研究发现基本一致。假设H4－1a得到了验证。

表4－9　财政补贴的总体激励效应

变量符号	(1) *Inno*	(2) *Subin*	(3) *Strain*	(4) *IE*
Sub	3.1975*** (3.5210)	4.1400*** (5.4231)	2.0006*** (3.7145)	18.6682*** (10.7498)
Roa	2.3331*** (7.8133)	1.7027*** (7.0347)	1.8845*** (10.0247)	−1.0977*** (−2.7496)
TQ	−0.0022 (−0.1631)	0.0339*** (2.9500)	0.0224** (2.5644)	0.0389* (1.9090)
*Top*1	−0.0029*** (−2.7598)	−0.0045*** (−5.0862)	−0.0013** (−2.0376)	−0.0021* (−1.7255)

续表 4-9

变量符号	(1) *Inno*	(2) *Subin*	(3) *Strain*	(4) *IE*
Lev	0.3020*** (3.2022)	0.1825** (2.3628)	0.0665 (1.1718)	-0.5002*** (-3.9479)
Age	-0.3922*** (-20.0438)	-0.2926*** (-18.1426)	-0.1857*** (-15.1796)	-0.4860*** (-19.7875)
Size	0.2680*** (13.8931)	0.2823*** (16.9592)	0.1533*** (13.3059)	-0.2114*** (-12.8470)
Soe	0.2025*** (5.6098)	0.2566*** (8.4933)	0.0803*** (3.5440)	0.1555*** (3.9428)
Region	-0.1036*** (-5.3529)	-0.0979*** (-6.1688)	-0.0591*** (-4.9921)	-0.0812*** (-3.5798)
_cons	-4.6264*** (-11.4183)	-5.3180*** (-15.2621)	-2.6987*** (-10.8345)	5.8362*** (16.3066)
Year FE	是	是	是	是
Ind FE	是	是	是	是
N	11558	11558	11558	11558
R^2	0.1768	0.1549	0.1407	0.1624
Adj. R^2	0.1745	0.1526	0.1383	0.1601

注：①“*”“**”“***”分别表示在10%、5%、1%的统计水平上显著；②括号内的数值为检验 *T* 值。

2. 产权异质性下的激励效应分析

产权性质差异会导致企业的资源基础和创新活力等方面均有不同。作为国民经济支柱的国有企业，其重要的战略地位和与政府间的联系使其更容易获得政策倾斜和财政资金支持（Tong et al., 2014；黎文靖、李耀淘，2014）。为了分析财政补贴的激励作用机制，根据企业所有制的不同，本书将样本企业划分为国有企业和非国有企业，其中，外资企业、民营企业和其他企业都归为非国有企业。本书将样本企业按照企业产权性质分成两组，重复式（4-1）表示的模型的分析，结果见表4-10。

表 4－10　产权性质分组回归实证结果

变量符号	(1)	(2)	(3)	(4)	(5)	(6)	(7)	(8)
	国有企业组				非国有企业组			
	Inno	*Subin*	*Strain*	*IE*	*Inno*	*Subin*	*Strain*	*IE*
	Soe = 1	*Soe* = 1	*Soe* = 1	*Soe* = 1	*Soe* = 0	*Soe* = 0	*Soe* = 0	*Soe* = 0
Sub	3.544**	4.202***	2.798***	13.800***	3.398***	4.294***	1.821***	21.625***
	(2.100)	(2.975)	(2.851)	(5.180)	(3.203)	(4.777)	(2.857)	(9.535)
Roa	2.093***	1.357***	2.071***	－0.511	2.293***	1.830***	1.576***	－0.988*
	(3.870)	(3.070)	(6.576)	(－1.000)	(6.442)	(6.353)	(6.598)	(－1.762)
TQ	－0.042*	－0.002	0.016	0.105***	0.023	0.054***	0.034***	－0.001
	(－1.700)	(－0.105)	(0.987)	(3.190)	(1.381)	(3.776)	(3.142)	(－0.039)
*Top*1	－0.003*	－0.004***	－0.004***	－0.007***	－0.003**	－0.005***	0.000	0.000
	(－1.914)	(－2.806)	(－3.543)	(－5.514)	(－2.144)	(－4.319)	(0.469)	(－0.043)
Lev	0.022	0.007	－0.089	－0.152	0.400***	0.226**	0.109	－0.567***
	(0.140)	(0.052)	(－0.992)	(－0.996)	(3.391)	(2.357)	(1.480)	(－3.021)
Age	－0.334***	－0.263***	－0.132***	－0.364***	－0.430***	－0.313***	－0.219***	－0.451***
	(－9.310)	(－8.577)	(－6.416)	(－9.319)	(－17.469)	(－15.378)	(－13.414)	(－13.526)
Size	0.284***	0.301***	0.160***	－0.088***	0.288***	0.285***	0.183***	－0.366***
	(10.314)	(12.648)	(10.000)	(－5.224)	(10.409)	(11.772)	(9.877)	(－11.351)

续表4－10

变量符号	(1)	(2)	(3)	(4)	(5)	(6)	(7)	(8)
	国有企业组				非国有企业组			
	Inno	*Subin*	*Strain*	*IE*	*Inno*	*Subin*	*Strain*	*IE*
	Soe = 1	*Soe* = 1	*Soe* = 1	*Soe* = 1	*Soe* = 0	*Soe* = 0	*Soe* = 0	*Soe* = 0
Region	－0.072**	－0.080***	－0.040**	－0.068***	－0.137***	－0.118***	－0.078***	－0.066
	(－2.493)	(－3.341)	(－2.392)	(－3.169)	(－5.165)	(－5.505)	(－4.595)	(－1.641)
_cons	－4.895***	－5.559***	－2.820***	2.948***	－4.895***	－5.237***	－3.290***	9.067***
	(－8.246)	(－10.863)	(－7.957)	(7.330)	(－8.278)	(－10.180)	(－8.084)	(12.961)
Year FE	是	是	是	是	是	是	是	是
Ind FE	是	是	是	是	是	是	是	是
N	4684	4684	4684	4684	6874	6874	6874	6874
R^2	0.209	0.202	0.187	0.143	0.162	0.128	0.115	0.144
Adj. R^2	0.204	0.196	0.182	0.137	0.158	0.124	0.111	0.141

注：①“*”“**”“***”分别表示在10%、5%、1%的统计水平上显著；②括号内的数值为检验 *T* 值。

通过分组检验结果可以发现，首先，财政补贴对国有企业和非国有企业均产生了正向的创新激励效果。其次，财政补贴对非国有企业的创新效率产出数量的影响最大，其影响系数（21.625）远远高于国有企业（13.800），这是因为非国有企业虽然在资产规模和研发支出总体规模上比不上国有企业，但是在投入产出的效率比上相对占据优势。这与王一卉（2013）的研究结论相符，可能由于是私有产权主体，其利益分配的主体和目的都比较具体（吴延兵，2012），委托代理关系也明晰，故企业的创新意愿更强（Lin et al., 2010），创新效率高于国有企业（刘瑞明、石磊，2010）。再次，财政补贴在对国有企业的创新产出数量和实质性创新产出（发明专利）的影响方面，影响系数差别不大。最后，财政补贴在对国有企业的策略性创新产出的影响方面，影响系数差别较大。从列（3）和列（7）可知，对国有企业的影响系数（2.798）高于非国有企业（1.821）。

上述研究结果表明，从专利申请数量的视角出发，考察企业技术创新产出，发现财政补贴对国有企业和非国有企业均产生了正向的创新激励效果，但是具体到产出质量和产出效率上，影响程度不同。

3. 地区发展水平异质性下的激励效应分析

根据地区差异进行分析可知，不同地区的经济发展水平和资源禀赋等方面的差异会导致企业的创新行为选择也不同。我国上市公司分布广泛，根据企业所在地的不同，我们将样本企业划分到东部、中部和西部三个地区，以比较不同地区的财政补贴与企业创新关系的差异，结果见表4－11。

研究结果表明，财政补贴对东部和中部地区的企业的创新产出数量、质量和效率都产生了显著的正向激励作用，且对中部地区的激励效果明显优于东部地区。相比之下，财政补贴政策对西部地区企业的创新产出数量和质量影响都不显著，只对创新效率影响显著。现有回归结果却显示财政补贴对西部地区的创新并未实现激励作用，回归系数甚至为负值。究其原因，有可能是西部地区的技术、人才和经济基础相对薄弱，企业仍然缺乏良好的研发创新环境。因此，西部地区的企业更需要政府的政策支持来促进创新。财政补贴的实施应注重兼顾地区间的平衡发展，并协调各部门协力促进改善西部地区的创新环境，提供更多的灵活有效的政策，以促进西部地区的企业创新。

表 4－11　地区发展水平分组的回归实证结果

变量符号	(1)	(2)	(3)	(4)	(5)	(6)	(7)	(8)	(9)	(10)	(11)	(12)
	东部地区				中部地区				西部地区			
	Inno	*Subin*	*Strain*	*IE*	*Inno*	*Subin*	*Strain*	*IE*	*Inno*	*Subin*	*Strain*	*IE*
Sub	3.3070***	3.9302***	1.9158***	18.7308***	5.4538**	6.7121***	3.5671**	22.7465***	−1.4234	0.0045	−0.0383	10.9546***
	(3.0033)	(4.1894)	(2.9411)	(8.7794)	(2.3634)	(3.5879)	(2.5634)	(5.3846)	(−0.6374)	(0.0024)	(−0.0299)	(2.8713)
Roa	2.5467***	2.0780***	1.8056***	−1.1919**	3.7191***	1.9896***	3.1482***	1.0054	−0.5930	−0.0768	0.5129	−3.8439***
	(6.9397)	(6.8757)	(7.7540)	(−2.3330)	(5.1617)	(3.5275)	(6.8575)	(1.2657)	(−0.8088)	(−0.1317)	(1.1926)	(−3.6846)
TQ	0.0351**	0.0670***	0.0375***	0.1047***	−0.1053***	−0.0479*	−0.0394*	−0.1523***	−0.0067	−0.0135	0.0450**	0.0343
	(2.0331)	(4.5345)	(3.4398)	(3.8020)	(−3.2788)	(−1.8874)	(−1.8927)	(−4.3209)	(−0.2267)	(−0.5556)	(2.1511)	(0.8361)
*Top*1	−0.0046***	−0.0064***	−0.0024***	−0.0029*	0.0057**	0.0015	0.0042***	0.0019	−0.0026	−0.0006	−0.0020	−0.0014
	(−3.5613)	(−5.8121)	(−2.9579)	(−1.8122)	(2.1866)	(0.6990)	(2.6076)	(0.6819)	(−0.9984)	(−0.2835)	(−1.2026)	(−0.5843)
Lev	0.3394***	0.1087	0.0690	−0.5629***	0.6617***	0.6171***	0.3525**	−0.0781	−0.4246*	−0.0413	−0.3375**	−0.9492***
	(2.9236)	(1.1276)	(0.9826)	(−3.4331)	(2.7737)	(3.2216)	(2.5657)	(−0.2760)	(−1.8499)	(−0.2334)	(−2.3584)	(−3.5558)
Age	−0.3614***	−0.2581***	−0.1854***	−0.4814***	−0.3993***	−0.3688***	−0.1185***	−0.6521***	−0.5591***	−0.3967***	−0.2627***	−0.4171***
	(−14.9979)	(−12.8673)	(−12.3148)	(−15.8963)	(−8.0026)	(−9.2709)	(−3.8392)	(−8.9588)	(−12.0448)	(−10.2381)	(−9.3894)	(−7.9100)
Size	0.2674***	0.3064***	0.1610***	−0.2176***	0.2144***	0.2156***	0.0695***	−0.2933***	0.3709***	0.2677***	0.2346***	−0.0786**
	(11.0421)	(14.5131)	(11.1055)	(−10.4650)	(4.7770)	(5.6957)	(2.8381)	(−7.1540)	(8.4411)	(7.3553)	(7.7511)	(−2.2568)
Soe	0.1224***	0.1790***	0.0496*	0.1925***	0.3479***	0.4547***	0.1403***	0.2395***	0.2969***	0.2561***	0.1157**	−0.0074
	(2.6118)	(4.4690)	(1.7189)	(3.7425)	(4.1858)	(6.7868)	(2.6534)	(2.6739)	(3.6596)	(3.8329)	(2.2096)	(−0.0857)

续表 4－11

变量 符号	(1)	(2)	(3)	(4)	(5)	(6)	(7)	(8)	(9)	(10)	(11)	(12)
	东部地区				中部地区				西部地区			
	Inno	*Subin*	*Strain*	*IE*	*Inno*	*Subin*	*Strain*	*IE*	*Inno*	*Subin*	*Strain*	*IE*
_cons	−4.7315***	−5.9138***	−2.8812***	5.8107***	−4.1202***	−4.3781***	−1.5020***	7.6528***	−6.4489***	−4.9656***	−4.2336***	3.0793***
	(−8.9822)	(−13.0435)	(−8.8453)	(12.5460)	(−4.4101)	(−5.5097)	(−2.8162)	(8.5395)	(−7.1864)	(−6.6236)	(−6.7620)	(3.9527)
Year FE	是	是	是	是	是	是	是	是	是	是	是	是
Ind FE	是	是	是	是	是	是	是	是	是	是	是	是
N	7739	7739	7739	7739	2148	2148	2148	2148	1671	1671	1671	1671
R^2	0.1769	0.1550	0.1423	0.1605	0.1860	0.1714	0.1372	0.2027	0.2067	0.1794	0.1639	0.1604
Adj. R^2	0.1735	0.1516	0.1389	0.1571	0.1748	0.1601	0.1254	0.1918	0.1932	0.1654	0.1496	0.1461

注：①“*”“**”“***”分别表示在10%、5%、1%的统计水平上显著；②括号内的数值为检验 *T* 值。

（四）税收优惠的激励效应分析

我国不同行业企业研发的动机不同，因此，享受的税收优惠政策也存在差异，这些因素会一定程度上影响企业创新。为了检验研究假设，本书对式（4－1）表示的模型进行了多元回归分析，该模型对年度效应和行业效应都进行了控制。具体结果见表4－12。

1. 总体激励效应分析

表4－12第（1）列中，税收优惠（*Tax*）的系数估计值为0.6401，在1%的水平上显著为正，表明税收优惠政策对公司的创新产出（专利申请总数量）有提升，税收优惠具有创新激励性。第（2）列中，税收优惠（*Tax*）的系数估计值为0.5754，在1%的水平上显著为正，表明税收优惠确实具有创新激励性，提升了实质性创新产出，具体体现在公司发明专利申请数量显著增加。第（3）列中，税收优惠（*Tax*）的系数估计值为0.3053，且在1%的水平上显著为正，表明接受税收优惠的公司非发明专利申请数量增加，但是其系数小于发明专利的回归系数，这也说明接受财政补贴的企业更多地实现了高质量的发明专利，企业的创新并不只是追求数量的策略性行为，在一定程度上也实现了创新能力的提升。第（4）列，税收优惠（*Tax*）的系数估计值在1%的水平上显著为正，表明税收优惠的企业创新效率显著提高。从控制变量的回归结果看，资产净利率（*Roa*）、企业规模（*Size*）、产权性质（*Soe*）与企业创新能力呈显著正相关，表明盈利状况好、规模大和产权性质为国有的企业创新能力更强；而上市年龄（*Age*）、股权集中度（*Top*1）和企业所属地区（*Region*）与创新能力呈显著负相关，这意味着上市年限长的、股权集中度高的及西部地区的企业，其创新能力会受到一定程度的抑制，上述控制变量的结果与国内外大多数学者的研究发现基本一致。假设H4－2a得到验证。

2. 产权异质性下的激励效应分析

考虑到产业政策对不同产权性质企业技术创新的作用可能有所差异，本书按照企业产权性质将样本企业划分为国有企业和非国有企业两个组别进行参数估计，划分结果为国有企业4684家，非国有企业6874家。检验结果见表4－13。

表4-12　税收优惠对企业创新的总体激励效应

变量符号	(1) *Inno*	(2) *Subin*	(3) *Strain*	(4) *IE*
Tax	0. 6401*** (7. 1118)	0. 5754*** (7. 8377)	0. 3053*** (5. 8369)	0. 5099*** (5. 1252)
Roa	2. 5279*** (8. 4085)	1. 8422*** (7. 5301)	1. 9640*** (10. 3785)	-1. 3959*** (-3. 3692)
TQ	-0. 0041 (-0. 3038)	0. 0336*** (2. 9291)	0. 0220** (2. 5282)	0. 0554*** (2. 7066)
*Top*1	-0. 0029*** (-2. 7441)	-0. 0046*** (-5. 1138)	-0. 0014** (-2. 0480)	-0. 0027** (-2. 1463)
Lev	0. 2954*** (3. 1435)	0. 1662** (2. 1559)	0. 0595 (1. 0512)	-0. 6377*** (-4. 9055)
Age	-0. 3865*** (-19. 7581)	-0. 2889*** (-17. 8980)	-0. 1836*** (-14. 9790)	-0. 4999*** (-19. 9122)
Size	0. 2678*** (13. 9098)	0. 2821*** (16. 9710)	0. 1532*** (13. 3169)	-0. 2121*** (-12. 7813)
Soe	0. 2046*** (5. 6808)	0. 2583*** (8. 5653)	0. 0813*** (3. 5879)	0. 1545*** (3. 8734)
Region	-0. 1037*** (-5. 3640)	-0. 0977*** (-6. 1559)	-0. 0590*** (-4. 9893)	-0. 0765*** (-3. 3409)
_cons	-4. 6802*** (-11. 5669)	-5. 3335*** (-15. 3154)	-2. 7120*** (-10. 8943)	6. 2119*** (17. 2409)
Year FE	是	是	是	是
Ind FE	是	是	是	是
N	11558	11558	11558	11558
R^2	0. 1796	0. 1571	0. 1420	0. 1436
Adj. R^2	0. 1773	0. 1547	0. 1396	0. 1412

注：①“*”“**”“***”分别表示在10%、5%、1%的统计水平上显著；②括号内的数值为检验*T*值。

表 4－13　产权性质分组的回归实证结果

变量符号	(1)	(2)	(3)	(4)	(5)	(6)	(7)	(8)
	国有企业组				非国有企业组			
	Inno	*Subin*	*Strain*	*IE*	*Inno*	*Subin*	*Strain*	*IE*
Tax	0.6987***	0.5961***	0.3394***	0.4722***	0.5565***	0.5432***	0.2550***	0.6056***
	(5.2209)	(5.3263)	(4.5918)	(4.8997)	(4.6864)	(5.8611)	(3.4416)	(3.3794)
Roa	2.3644***	1.5627***	2.1793***	−0.5730	2.4297***	1.9348***	1.6307***	−1.3715**
	(4.3611)	(3.5195)	(6.9126)	(−1.0894)	(6.7445)	(6.5979)	(6.7408)	(−2.3439)
TQ	−0.0466*	−0.0058	0.0138	0.1063***	0.0233	0.0555***	0.0347***	0.0243
	(−1.9120)	(−0.2794)	(0.8742)	(3.2704)	(1.3747)	(3.8627)	(3.1732)	(0.8954)
*Top*1	−0.0033*	−0.0042***	−0.0035***	−0.0069***	−0.0029**	−0.0048***	0.0004	−0.0008
	(−1.8830)	(−2.7943)	(−3.5407)	(−5.6291)	(−2.1661)	(−4.3748)	(0.4424)	(−0.4146)
Lev	0.0323	0.0100	−0.0886	−0.1969	0.3832***	0.1997**	0.0984	−0.7670***
	(0.2037)	(0.0763)	(−0.9955)	(−1.2567)	(3.2553)	(2.0817)	(1.3404)	(−3.9924)
Age	−0.3300***	−0.2622***	−0.1328***	−0.3869***	−0.4241***	−0.3082***	−0.2168***	−0.4581***
	(−9.2064)	(−8.5301)	(−6.4152)	(−9.4507)	(−17.1916)	(−15.0890)	(−13.2124)	(−13.4422)
Size	0.2843***	0.3004***	0.1589***	−0.0945***	0.2855***	0.2827***	0.1820***	−0.3680***
	(10.3582)	(12.6690)	(10.0040)	(−5.5379)	(10.3220)	(11.6704)	(9.8111)	(−11.3112)
Region	−0.0749***	−0.0835***	−0.0421**	−0.0761***	−0.1330***	−0.1136***	−0.0762***	−0.0433
	(−2.6075)	(−3.4850)	(−2.5217)	(−3.5296)	(−5.0287)	(−5.2951)	(−4.4802)	(−1.0598)

续表4-13

变量符号	(1)	(2)	(3)	(4)	(5)	(6)	(7)	(8)
	国有企业组				非国有企业组			
	Inno	*Subin*	*Strain*	*IE*	*Inno*	*Subin*	*Strain*	*IE*
_cons	-4.9618***	-5.5716***	-2.8126***	3.3282***	-4.8692***	-5.1863***	-3.2709***	9.5642***
	(-8.4017)	(-10.9325)	(-7.9669)	(8.0865)	(-8.2409)	(-10.0877)	(-8.0461)	(13.5970)
Year FE	是	是	是	是	是	是	是	是
Ind FE	是	是	是	是	是	是	是	是
N	4684	4684	4684	4684	6874	6874	6874	6874
R^2	0.2135	0.2049	0.1888	0.1240	0.1634	0.1285	0.1153	0.1239
Adj. R^2	0.2084	0.1997	0.1835	0.1184	0.1596	0.1245	0.1113	0.1200

注：①“*”“**”“***”分别表示在10%、5%、1%的统计水平上显著；②括号内的数值为检验T值。

从表4－13的结果可以看出，税收优惠（*Tax*）的回归系数均为正数且在1%的水平上显著为正，表明税收优惠能够激发企业创新产出。就创新产出数量（*Inno*）来说，国有企业的创新产出数量对应的估计系数为0.6987，高于非国有企业的系数0.5565，这表明政府实施的所得税税收优惠政策，对国有企业创新的激励更强。从创新产出质量的视角来看，国有企业和非国有企业没有较大差异。以创新效率的视角来说，非国有企业的创新激励效应（*IE*）系数为0.6056，高于国有企业的系数估计值（0.4722）。总体上看，税收优惠对企业创新产出具有积极激励作用，能够激发创新活力。但是对于不同产权性质的企业而言，这种激励效果在产出数量和产出效率方面不同，总体上验证了之前提到的“税负对国有企业和非国有企业的影响是非对称的”这一推断。

3. 地区发展水平异质性下的激励效应分析

不同地区的经济发展水平和资源禀赋等方面的差异导致企业之间的创新行为选择也不同。本书将样本企业划分到东部、中部和西部三大地区，并对不同地区税收优惠与企业技术创新之间的关系进行比较，检验结果见表4－14。

研究结果表明，相较于西部地区，东部和中部地区的税收优惠对企业技术创新发展具有显著的促进作用。具体来说，税收优惠政策对东部和中部地区的企业创新产出数量、质量和效率均产生了显著的正向激励作用。其中，对中部地区的创新产出数量的激励效果明显优于东部地区，对东部地区的产出质量的激励效果优于中部地区。与此形成鲜明对比的是，税收优惠政策对西部地区企业的创新产出影响不显著。这可能是由于东部和中部地区的经济发展水平高、企业规模大、资金来源广泛，政府采取税收优惠政策对企业技术创新进行扶持，使得企业能吸纳更多的社会资金，从而促进了企业技术创新的发展。虽然在西部大开发战略实施后，西部地区的经济发展加速，但与东部、中部地区相比，其经济发展水平和市场化水平较低，提高经济效益仍是企业发展的首要目标。

表4－14　地区发展水平分组的回归实证结果

变量符号	(1)	(2)	(3)	(4)	(5)	(6)	(7)	(8)	(9)	(10)	(11)	(12)
	东部地区				中部地区				西部地区			
	Inno	*Subin*	*Strain*	*IE*	*Inno*	*Subin*	*Strain*	*IE*	*Inno*	*Subin*	*Strain*	*IE*
Tax	0.6700***	0.6589***	0.2985***	0.5966***	0.8578***	0.5995***	0.4357***	0.6003***	0.1855	0.1626	0.1366	0.1699
	(5.7260)	(6.9300)	(4.3786)	(4.3639)	(4.3259)	(3.6445)	(3.7138)	(2.8084)	(0.9336)	(1.0155)	(1.2188)	(0.9882)
Roa	2.7293***	2.2404***	1.8757***	−1.4306***	3.9632***	2.0633***	3.2456***	0.5439	−0.4372	0.0246	0.5993	−4.0457***
	(7.3736)	(7.3342)	(7.9982)	(−2.6874)	(5.5381)	(3.6717)	(7.0821)	(0.6939)	(−0.5846)	(0.0410)	(1.3541)	(−3.6949)
TQ	0.0344**	0.0673***	0.0379***	0.1255***	−0.1080***	−0.0480*	−0.0403*	−0.1425***	−0.0102	−0.0160	0.0429**	0.0362
	(2.0079)	(4.5821)	(3.4814)	(4.5419)	(−3.3532)	(−1.8771)	(−1.9226)	(−4.0203)	(−0.3403)	(−0.6526)	(2.0360)	(0.8626)
*Top*1	−0.0046***	−0.0064***	−0.0024***	−0.0037**	0.0058**	0.0016	0.0043***	0.0021	−0.0027	−0.0006	−0.0020	−0.0013
	(−3.5317)	(−5.8099)	(−2.9618)	(−2.2818)	(2.2380)	(0.7383)	(2.6503)	(0.7382)	(−1.0148)	(−0.2919)	(−1.2129)	(−0.5215)
Lev	0.3262***	0.0888	0.0586	−0.7365***	0.6345***	0.5815***	0.3341**	−0.2052	−0.4118*	−0.0311	−0.3289**	−0.9476***
	(2.8154)	(0.9231)	(0.8361)	(−4.3371)	(2.6887)	(3.0725)	(2.4613)	(−0.7184)	(−1.7877)	(−0.1746)	(−2.2875)	(−3.5108)
Age	−0.3552***	−0.2526***	−0.1830***	−0.4890***	−0.3987***	−0.3728***	−0.1194***	−0.6805***	−0.5511***	−0.3931***	−0.2595***	−0.4425***
	(−14.7660)	(−12.6103)	(−12.1473)	(−15.8411)	(−8.0299)	(−9.3570)	(−3.8737)	(−9.2262)	(−11.9514)	(−10.1731)	(−9.2388)	(−7.9418)
Size	0.2681***	0.3072***	0.1614***	−0.2140***	0.2081***	0.2074***	0.0653***	−0.3221***	0.3704***	0.2670***	0.2341***	−0.0816**
	(11.0989)	(14.5912)	(11.1458)	(−10.2246)	(4.6455)	(5.4956)	(2.6827)	(−7.5338)	(8.4300)	(7.3398)	(7.7321)	(−2.3068)
Soe	0.1269***	0.1839***	0.0519*	0.2083***	0.3514***	0.4514***	0.1406***	0.2049**	0.3005***	0.2564***	0.1160**	−0.0321
	(2.7172)	(4.6099)	(1.8008)	(4.0128)	(4.2263)	(6.7190)	(2.6586)	(2.2662)	(3.7184)	(3.8543)	(2.2286)	(−0.3717)

续表4－14

变量符号	(1)	(2)	(3)	(4)	(5)	(6)	(7)	(8)	(9)	(10)	(11)	(12)
	东部地区				中部地区				西部地区			
	Inno	*Subin*	*Strain*	*IE*	*Inno*	*Subin*	*Strain*	*IE*	*Inno*	*Subin*	*Strain*	*IE*
_cons	−4.7893***	−5.9537***	−2.8959***	6.1563***	−4.0589***	−4.1971***	−1.4330***	8.5978***	−6.5254***	−4.9912***	−4.2564***	3.4156***
	(−9.1228)	(−13.1579)	(−8.9059)	(13.3048)	(−4.3503)	(−5.2995)	(−2.7063)	(9.1106)	(−7.2737)	(−6.6926)	(−6.8015)	(4.5623)
Year FE	是	是	是	是	是	是	是	是	是	是	是	是
Ind FE	是	是	是	是	是	是	是	是	是	是	是	是
N	7739	7739	7739	7739	2148	2148	2148	2148	1671	1671	1671	1671
R^2	0.1795	0.1580	0.1434	0.1437	0.1911	0.1711	0.1397	0.1737	0.2070	0.1799	0.1645	0.1494
Adj. R^2	0.1762	0.1546	0.1399	0.1402	0.1800	0.1598	0.1279	0.1624	0.1934	0.1659	0.1503	0.1349

注：①“*”“**”“***”分别表示在10%、5%、1%的统计水平上显著；②括号内的数值为检验*T*值。

（五）财政补贴和税收优惠两者并行的激励效应分析

1. 基本模型

为了检验财政补贴与税收优惠两者并行的作用效果，本书参考陈远燕（2016）的研究，建立以下模型：

$$Inno_{i,t+1} = \alpha_1 + \alpha_2 Sub_{i,t} + \alpha_3 Tax_{i,t} + \alpha_4 \sum Control_{i,t} + \sum Year + \sum Ind + \varepsilon_{i,t} \tag{4-2}$$

式中，变量相关解释同式（4－1）。

2. 单行政策与并行政策的激励效应比较分析

为了考察税收优惠与财政补贴的并行效应，需要对比财政补贴和税收优惠单行政策与并行政策的创新激励差异。为此，本书结合之前在基准回归时的结果进行综合分析，先仅考虑财政补贴或者税收优惠单行政策的激励效应，然后同时加入财政补贴和税收优惠，考虑两种政策并行对创新激励效果的影响，回归结果见表4－15。

综合分析结果显示，在仅考虑单独实施一项创新政策时，表4－9显示财政补贴（*Sub*）的系数为3.1975，在1%的水平上显著，说明财政补贴具有正向的创新激励作用。在仅考虑税收优惠水平的情况下（见表4－12），税收优惠（*Tax*）的估计系数为0.6401，在1%的水平上显著为正，表明税收优惠水平具有正向的创新激励作用。因此，政府财税支持政策均对企业创新具有显著的正向激励作用，且财政补贴政策的创新激励作用更强。表4－15第（1）列表明，就创新产出数量来说，当考虑两种政策并行实施时，财政补贴和税收优惠幅度的系数分别为2.9290和0.6276，且在1%的水平上显著为正。第（2）列至第（4）列显示，就创新产出质量和创新效率来说，也是一样的，估计系数均低于单行政策的激励效应。一方面，两种政策并行的系数均有所降低，这表明两种政策的同时实施可能会削弱单个政策的激励作用；另一方面，财政补贴的系数明显高于税收优惠。这些结果表明，政府干预可以有效促进市场创新，减少创新外部性对企业的损失，实现帕累托改进。总的来说，财政补贴和税收优惠通过增加投入和降低成本实现对企业的创新激励。

表4-15 财政补贴和税收优惠并行的回归实证结果

变量符号	(1) *Inno*	(2) *Subin*	(3) *Strain*	(4) *IE*
Sub	2.9290*** (3.2269)	3.9010*** (5.1139)	1.8735*** (3.4888)	18.4839*** (10.6338)
Tax	0.6276*** (6.9727)	0.5588*** (7.6162)	0.2973*** (5.6889)	0.4310*** (4.4021)
Roa	2.6047*** (8.6380)	1.9445*** (7.9380)	2.0131*** (10.6077)	-0.9112** (-2.2604)
TQ	-0.0073 (-0.5370)	0.0294** (2.5697)	0.0200** (2.2942)	0.0354* (1.7421)
*Top*1	-0.0028*** (-2.6512)	-0.0044*** (-4.9749)	-0.0013* (-1.9535)	-0.0021* (-1.6618)
Lev	0.3191*** (3.3907)	0.1977** (2.5666)	0.0746 (1.3158)	-0.4884*** (-3.8567)
Age	-0.3833*** (-19.5603)	-0.2847*** (-17.6332)	-0.1815*** (-14.8121)	-0.4799*** (-19.5106)
Size	0.2679*** (13.9179)	0.2823*** (16.9915)	0.1533*** (13.3249)	-0.2114*** (-12.8557)
Soe	0.2051*** (5.6925)	0.2589*** (8.5917)	0.0815*** (3.6011)	0.1572*** (3.9894)
Region	-0.1046*** (-5.4064)	-0.0988*** (-6.2274)	-0.0596*** (-5.0352)	-0.0819*** (-3.6092)
_cons	-4.7535*** (-11.7228)	-5.4312*** (-15.5754)	-2.7589*** (-11.0483)	5.7489*** (16.0283)
Year FE	是	是	是	是
Ind FE	是	是	是	是
N	11558	11558	11558	11558
R^2	0.1804	0.1591	0.1429	0.1635
Adj. R^2	0.1781	0.1567	0.1404	0.1611

注：①“*”“**”“***”分别表示在10%、5%、1%的统计水平上显著；②括号内的数值为检验*T*值。

四、稳健性检验

（一）采用泊松回归和负二项回归方法

在很多企业专利产出数量为零的情况下，根据普通最小二乘法（ordinary least square，OLS）回归模型计算出来的结果有可能存在偏差（李春涛、宋敏，2010）。从前文的描述性统计可知，约1/4的企业的专利数据为零，数据的离散特征较为明显，采用计数数据模型能更好地保障结果的稳健性。为此，本书分别采用泊松回归和负二项回归方法重新检验内部控制在财政补贴创新激励效应中的作用，回归结果见表4－16。表4－16的第（1）列和第（2）列为采用泊松回归的回归结果，从表中可以看出，财政补贴（*Sub*）的系数估计值在1%的水平上显著为正，财政补贴与内部控制质量交互项（*Sub_IC*）的系数估计值在10%的水平上显著为正，与基本研究结论相符。表4－16的第（3）列和第（4）列为采用负二项回归的回归结果，从表中可以看出，财政补贴（*Sub*）的系数估计值在5%的水平上显著为正，财政补贴与内部控制质量交互项（*Sub_IC*）的系数估计值在10%的水平上显著为正。主要结论未发生变化，表明本书的研究结果具有稳健性。

表4－16　泊松回归和负二项回归方法的实证结果

变量符号	泊松回归		负二项回归	
	(1) *Inno*	(2) *Inno*	(3) *Inno*	(4) *Inno*
Sub	1.4459*** (3.41)	−4.2656 (−1.80)	1.5167** (2.61)	−4.5426 (−1.51)
Sub_IC	—	0.8930* (2.48)	—	0.9513* (2.06)
IC	—	0.0160* (2.13)	—	0.0157 (1.63)
Roa	1.5358*** (9.48)	1.3091*** (7.66)	1.5317*** (7.26)	1.2836*** (5.75)

续表 4－16

变量符号	泊松回归		负二项回归	
	(1)	(2)	(3)	(4)
	Inno	*Inno*	*Inno*	*Inno*
TQ	−0.0101 (−1.47)	−0.0081 (−1.18)	−0.0116 (−1.29)	−0.0094 (−1.04)
*Top*1	−0.0026*** (−4.96)	−0.0026*** (−4.94)	−0.0027*** (−3.97)	−0.0027*** (−3.95)
Lev	0.0602 (1.24)	0.0658 (1.35)	0.0571 (0.89)	0.0624 (0.97)
Age	−0.2095*** (−23.00)	−0.2060*** (−22.51)	−0.2302*** (−17.91)	−0.2268*** (−17.61)
Size	0.1062*** (14.18)	0.1033*** (13.69)	0.1125*** (11.09)	0.1097*** (10.76)
Soe	0.0107 (0.60)	0.0074 (0.42)	0.0309 (1.32)	0.0274 (1.17)
_cons	−1.4076*** (−9.11)	−1.4493*** (−9.22)	−1.5063*** (−7.22)	−1.5488*** (−7.30)
ln *alpha*	—	—	−0.8821*** (−22.15)	−0.8862*** (−22.20)
N	11558	11558	11558	11558

注：①“*”“**”“***”分别表示在10%、5%、1%的统计水平上显著；②括号内的数值为检验 *T* 值。

（二）反向因果检验

为了避免潜在的内生性问题，需要考虑模型变量是否可能存在反向因果关系。我们借鉴 Belderbos 等（2014）以及 Zhang 等（2010）的做法，首先用 *T* 期的财政补贴数对 *T*－1 期的企业创新（*L.Inno*）做回归，再用按行业计算的 *T* 期的财政补贴数对 *T*－1 期的企业创新的行业均值（*L.Inno_Ind*）做回归。如果上述回归的系数是显著的，那么意味着模型可能存在内生性。表 4－17 的结果显示，财政补贴（*Sub*）的回归系数是不显著的（$T=0.09$），*Sub_Ind* 的回归系数也不显著（$T=-1.49$）。因次，本书数据中不存在潜在的反向因果关系。

表 4-17　反向因果检验的回归实证结果

变量符号	(1) *L. Inno*	(2) *L. Inno_Ind*
Sub	0.1162 (0.09)	—
Sub_Ind	—	-2.7285 (-1.49)
Roa	2.9360*** (6.33)	0.0603 (1.60)
Age	-0.4477*** (-17.08)	-0.0040 (-1.39)
Soe	0.2658*** (5.57)	-0.0102* (-2.01)
Size	0.2959*** (11.72)	-0.0005 (-0.28)
TQ	-0.0085 (-0.45)	-0.0056* (-2.24)
*Top*1	-0.0043** (-2.94)	0.0000 (0.38)
Lev	0.3666** (2.78)	-0.0115 (-0.82)
_cons	-5.2114*** (-9.67)	0.6365*** (12.31)
N	6490	6490
R^2	0.1881	0.9376

注：①“*”“**”“***”分别表示在10%、5%、1%的统计水平上显著；②括号内的数值为检验 *T* 值。

（三）工具变量方法

然后，进一步引入工具变量，采用两阶段回归方法进行数据分析以保证研究结论的稳健性。借鉴已有研究，采用按行业统计的财政补贴的均值（Clausen，2009；Heutel，2014）作为工具变量，使用两阶段最小二乘法进行估计。使用两阶段最小二乘法的前提是工具变量必须具有外生性和有效性。第一阶段 Wald 检验的 F 值为 74.3247，大于临界值 12.53，通过了弱工具变量检验。基于两阶段最小二乘法的估计结果见表 4－18。在第二阶段中，财政补贴（*Sub*）的系数为 3.7970，在 1% 的水平上显著为正，表明结论是稳健的。

表 4－18　工具变量方法实证结果

变量符号	(1) *OLS*	(2) *First*	(3) *Second*
Sub	3.1352*** (3.45)	—	3.7970*** (3.46)
Sub_Ind	—	0.9771*** (8.43)	—
Roa	2.3556*** (7.88)	−0.0284*** (−7.64)	2.3742*** (6.11)
Age	−0.4016*** (−20.54)	−0.0011*** (−5.30)	−0.4009*** (−18.54)
Soe	0.1773*** (4.96)	−0.0001 (−0.29)	0.1774*** (4.97)
Size	0.2738*** (14.14)	−0.0000 (−0.24)	0.2738*** (16.88)
TQ	−0.0023 (−0.17)	0.0011*** (5.72)	−0.0030 (−0.18)
Top1	−0.0030** (−2.78)	−0.0000** (−3.29)	−0.0029** (−2.68)

续表 4-18

变量符号	(1) *OLS*	(2) *First*	(3) *Second*
Lev	0.2803** (2.97)	-0.0082*** (-7.12)	0.2857* (2.40)
_cons	-4.8945*** (-12.06)	0.0072 (1.66)	-4.9122*** (-11.75)
Year FE	是	是	是
Ind FE	是	是	是
N	11558	11558	11558
R^2	0.1749	0.1018	0.1748
F	150.8719	74.3247	—

注：①“*”“**”“***”分别表示在10%、5%、1%的统计水平上显著；②括号内的数值为检验 *T* 值。

五、本章小结

本章对财政补贴与税收优惠的单行激励效应和并行激励效应进行了分析。研究发现，政府支持政策对企业技术创新产出和效率具有显著的推动作用；不同的政策支持方式对企业技术创新的作用效果存在差异。政府支持政策能激励企业提高技术创新活动产出。这一结果还受到企业产权性质和地区发展水平的影响。

首先，财政补贴促进了公司的创新产出数量增加，提升了实质性创新产出，说明接受财政补贴的企业更多地实现了高质量的发明专利，企业的创新并不只是追求数量的策略性行为，接受财政补贴的企业创新效率也显著提高。从产权性质上说，财政补贴对国有企业和非国有企业均产生了正向的创新激励效果，财政补贴对非国有企业的创新效率的激励作用最强。从地区发展水平上说，财政补贴对东部和中部地区的企业创新产出数量和质量都产生了显著的正向激励作用，但是，对中部地区的激励作用强度高于东部地区；财政补贴政策对西部地区企业的创新产出数量和质量影响均不显著，只对创新效率有影响。

其次，税收优惠政策促进了企业的创新产出数量、质量和效率提升。从产权性质上说，税收优惠对国有企业创新数量的激励作用更强；在创新产出质量方面，对于国有企业和非国有企业的激励效果没有较大差异。从创新效率的视角来看，税收优惠对非国有企业的创新激励效应更高。从地区发展水平上说，税收优惠对东部和中部地区的企业创新产出数量、质量和效率都具有显著的正向激励作用，但是，对中部地区的专利产出数量的激励效应高于东部地区；对东部地区企业的创新产出质量的激励效应高于中部地区。税收优惠政策对西部地区企业的创新产出影响均不显著。

最后，财政补贴和税收优惠单一政策的实施都对企业技术创新具有显著的正向激励效应。一方面，当考虑两种政策并行实施时，财政补贴和税收优惠的创新激励估计系数值略有下降，表明两种政策的并行实施有可能削弱单一政策的创新激励作用；另一方面，在两种政策并行实施的情况下，财政补贴的创新激励估计系数值要高于税收优惠的估计系数值，这在一定程度上说明财政补贴的作用更强。

第五章　内部控制调节下的财税政策激励效应研究

内部控制是一种重要的风险管控机制，是指企业在进行研发之前应充分调查和论证项目的可行性，并跟踪管理研发过程。企业进行内部控制，可以防止研发资金的不合理使用或研发成本过高等问题发生，以确保研发成果得以顺利转化，从而提高企业的技术创新能力。因此，基于资源基础理论，理顺政府财税支持政策对企业技术创新的影响机制变得很重要。

一、理论分析与假设提出

（一）企业内部控制质量对技术创新的影响

内部控制作为企业重要的内部治理机制，可以通过其有效的设计和实施激励企业创新。首先，基于委托代理理论，当企业内部控制变得薄弱、代理冲突问题严重时，管理者往往会偏向于将企业资源投入周期短、收益高的项目，以追求个人利益，而放弃需要长期资金支持且产出周期长的创新项目，这就会对企业创新产生挤出效应（Ryoo，2010）。《企业内部控制评价指引》提出了一项监督约束机制，并将其作为实现权力制衡和保护投资者利益的重要手段。内部控制评价指标体系主要包括股东权益、董事会制度、管理者报酬激励制度和财务报告控制等指标。这些控制评价指标在一定程度上约束了管理者利益输送或资金占用的短期行为，将企业资源更集中于企业的长期发展和创新。同时，对于研发活动、投资担保、关联交易等业务，企业内部控制可以进行人员、资产、信息、投融资等行为控制，防止管理者过度投资造成企业创新不足（李万福等，2011）。因此，通过建立有效的内部控制制度和流程，可以对企业各个主体和流程进行监督和制衡，更好地约束管理层的谋求自我利益的行为，控制管理者对高风险、高收益金融资产的投资行为，从而促进企业创新投入。

其次，基于信息不对称理论，建立高水平的内部控制制度，通过监督和制衡等机制，可以降低企业在创新投入方面的风险，并提高企业的创新产出水平。有效运行的内部控制会对企业行为进行监督与规范，可以促使企业形成较好的内部环境，降低企业生产运营过程中的风险。有效的内部控制可以通过组织机构、决策机制、执行机制和监督机制等总体层面的控制，降低企业创新投入的风险，并加速企业的信息流动（李万福等，2011）。经筛查评估后，还可以控制高风险投资项目，确保企业长期可持续发展。良好的财务报告质量有利于降低企业与外部投资者之间的信息不对称（徐欣、唐清泉，2010），增强投资者的信心，降低预期投资风险溢价等。这将降低股权融资成本（Ashbaugh-Skaife et al.，2009），提高企业信息质量，缓解企业和金融机构等债权人之间信息不对称的矛盾，降低银行等债权人对创新风险的评估（Skaife et al，2013），避免债务融资成本过高导致的创新投入不足（王亚男、戴文涛，2019）。《企业内部控制应用指引第10号——研究与开发》中提出了从立项、过程管理到结题验收、保护创新成果等阶段的控制措施（宫义飞、夏艳春，2017），可有效控制企业研发风险，确保企业创新的顺利产出，提升企业的创新能力。

高水平的内部控制意味着企业能够通过内部环境、业务和流程等层面的多种控制措施保证企业控制目标的实现，即控制事项和行为不偏离内部控制目标，最大限度地降低企业创新资源的投入风险，提升企业创新能力。通过上述分析阐释，本书提出了假设H5－1。

假设H5－1：在其他条件相同的情况下，高水平内部控制会促进企业的技术创新产出。

（二）政府财税支持政策、内部控制质量与企业技术创新

内部控制发挥其效能的水平很可能影响到财政补贴的创新激励效应。

高水平的内部控制可以通过相关措施保证财政补贴的使用遵循企业的战略目标发展和运营活动，促进企业创新能力的提升。依据委托代理理论，企业的所有权与经营权分离，所有者更愿意从长远出发，追求企业长期价值的最大化。因企业研发创新活动具有耗时长、风险高等特性，企业管理层出于自身业绩考核及企业短期经营绩效的考虑，可能会不合理地利用财政补贴，违背“实现高质量发展”的企业创新目标，损害企业的长期利益。当企业的内部控制质量处于较高水平，企业的监督机制有效性会更高，能够降低委托代理问题，在一定程度上遏制“道德风险”或“逆向选择”现象的发生，确保财政补贴的合理运用（林钟高、张天宇，2018）。

由于信息不对称，政府无法有效地监控那些获得政策支持的企业，也无法确保政府的支持资金全部被用于企业的创新活动中。支持“内部控制促进论”的学者认为，行之有效的内部控制可以提供一种有效的监督方式，具有良好的纠偏作用，可以确保政府支持资金的合理运用，提高企业资源配置效率。高水平的内部控制可以通过授权审批、风险评估等环节和措施来限制管理层的逆向选择行为，降低其不合理使用财政补贴的风险（李万福等，2017）。同时，有效的内部控制还可以对高管的创新不足或创新过度行为进行有效的纠偏，有利于企业的创新产出。

因此，本书提出了假设 H5－2a、假设 H5－2b、假设 H5－3a、假设 H5－3b。

假设 H5－2a：内部控制对财政补贴与企业创新产出的关系具有显著正向调节作用。

假设 H5－2b：内部控制对税收优惠与企业创新产出的关系具有显著正向调节作用。

假设 H5－3a：内部控制对财政补贴与企业创新绩效的关系具有显著正向调节作用。

假设 H5－3b：内部控制对税收优惠与企业创新绩效的关系具有显著正向调节作用。

（三）政府财税支持政策、内部控制质量与企业创新质量

企业创新行为按照动机不同分为两种（黎文靖、郑曼妮，2016）：一种是为推动企业高质量发展而以产品技术改进和功能开发为主要目的的创新产出行为，表现在以获取发明专利为目标，称为实质性创新；另一种是以谋求短期利益或寻求扶持为目的的创新产出行为，即通过追求创新产出的数量和速度来迎合政府的号召与监管，表现在外观设计专利的产出和实用新型专利的产出，称为策略性创新。基于资源基础理论，两种创新形式相比较而言，策略性创新的技术创新程度较低，所需周期较短且创新风险更低。短期来看，内部控制作用于财政补贴产生策略性创新产出的效果会更快显现。但是，实质性创新才是企业实现高质量发展、展现企业真正创新能力的方式。从长远来看，在高水平的内部控制下，财政补贴对企业实质创新活动产生的激励效应可能更加明显。因此，本书提出了竞争性假设H5－4a、假设H5－4b、假设H5－5a、假设H5－5b。

假设H5－4a：内部控制水平对财政补贴与策略性创新的正向调节作用更显著。

假设H5－4b：内部控制水平对财政补贴与实质性创新的正向调节作用更显著。

假设H5－5a：内部控制水平对税收优惠与策略性创新的正向调节作用更显著。

假设H5－5b：内部控制水平对税收优惠与实质性创新的正向调节作用更显著。

（四）产权异质性企业的内部控制质量对其创新能力的影响

根据资源基础理论，由于国有企业和非国有企业产权性质的不同，它们的资源基础和创新活力等方面存在差异。

第一，国有企业的委托代理关系更加复杂。国有企业归全民所有，由国家代表行使所有权，然而国家并非一个具体的概念，需要借助政府的力

量来管理，这意味着国有企业的委托代理要涉及多个层级，如人民、中央、地方和具体部门等，其结构远比一般的企业复杂，这不仅会造成监管上的困难，也不利于创新信息的传递。每一个信息都需要层层下达，或者层层汇报，而每经历一个层级信息都会产生损耗，且信息传达耗费的时间也很多。企业创新的关键在于要比竞争对手更快，而国有企业繁杂的层级体系与人事关系会产生更加高昂的代理成本，导致企业的研发效率低下，错过关键时机。

第二，国有企业多层委托代理问题在一定程度上会带来额外成本。委托代理关系的核心思想是解决所有权与经营权分离条件下对代理人的激励和约束问题，以减少所有者的经营风险。国有企业的管理者任期若较短，可能会导致代理人只追求短期利益。同时，委托层次过多、激励机制失效和约束机制弱化等也可能会导致国有企业的委托关系中出现内部人控制、合谋以及寻租等问题。创新活动的特征对企业往往意味着风险和威胁，会给管理者带来额外的成本。另外，频繁变动的管理层也不利于创新活动的持续进行，国有企业的高管更愿意选择风险较小的、能够在自己任期内带来收益的项目，从而选择放弃创新项目。

内部控制作为企业内部管理的重要手段，更多的是要基于管理者的意愿才能实施，而国有企业管理者的特殊性一方面导致其缺乏动力去改善公司的内部控制；另一方面，国有企业特殊的委托代理关系也难以通过提高内部控制质量去改善。因此，国有企业的管理者对创新投入往往缺乏一定的积极性，本书提出了竞争性假设 H5 – 6a、假设 H5 – 6b。

假设 H5 – 6a：在其他条件不变的情况下，与国有企业相比，内部控制对非国有企业的财税支持政策的创新激励效应更强。

假设 H5 – 6b：在其他条件不变的情况下，与非国有企业相比，内部控制对国有企业的财税支持政策的创新激励效应更强。

但是，也有学者做了有相反证据的研究。企业在研发活动的前期往往需要投入大量的资金，而获得外部投资者的资金支持却比较困难，这常常导致资金短缺。在中国独特的制度背景下，国有企业具有明显的外部资源优势，可以更快速、更广泛地获得政府资金和相关技术支持，从而有助于它们开展技术创新活动，进一步促进创新绩效的提升。与非国有企业相比，国有企业的发展历程更长，加之近年来政府对它们的严格管制进一步加强，促进国有企业的内部治理结构调整，使其适应性更强，而且其内部控制机制经过多次调整已变得更加完善，更能够抵御外部冲击，从而能够更大程度地提升政府研发资金的实际成效。

第三，国有企业作为国民经济的支柱，它们更加关注的是企业经营的稳定、规范，会更重视体系流程的规范、严谨与内部环境的稳定有序，而创新更需要的是宽松自由的环境，对信息与沟通的要求更加高，二者的目标有一点冲突。因此，本书提出了竞争性假设 H5－7a、假设 H5－7b。

> 假设 H5－7a：在其他条件不变的情况下，与国有企业相比，内部控制对非国有企业的财税支持政策的创新绩效产出的激励效应更强。
>
> 假设 H5－7b：在其他条件不变的情况下，与非国有企业相比，内部控制对国有企业的财税支持政策的创新绩效产出的激励效应更强。

二、研究设计

（一）样本选择与数据来源

我国发布的《企业内部控制基本规范》和《企业内部控制配套指引》于2012年开始在主板上市公司实施。因此，本书以2012—2019年沪深A股上市公司作为研究样本，并对初始样本进行了筛选：①剔除了ST及*ST的上市公司；②剔除了金融类上市公司；③剔除了数据缺失的公司。最终共得到了11558个观测样本。其中，内部控制数据来自深圳迪博公司的“中国上市公司内部控制指数”数据库，财政补贴数据来源于万德数据库，其他变量数据来自国泰安数据库。为了减少极端值的影响，本书对连续变量进行了1%和99%的缩尾处理。

（二）变量定义

将内部控制质量（*IC*）作为调节变量，用以反映企业内部控制治理机制的设计和实施有效性的高低。本书是从内部控制整体的角度衡量内部控制的有效性，一般采用迪博内部控制指数来测度。迪博数据库主要是结合国内上市公司实施内部控制体系的现状，基于内部控制合规、报告、资产安全、经营、战略五大目标的实现程度而设计内部控制基本指数，并将内部控制缺陷作为修正变量，对内部控制基本指数进行修正；最终形成了综合反映上市公司内控水平和风险管控能力的迪博指数。该指数能较全面地衡量企业的内部控制水平，被众多研究文献广泛应用，有较好的代表性。该指数越高，表明企业内部控制有效性越强，内部控制环境越好。其计算方法为：内部控制水平 = 迪博内部控制指数/100。

用迪博内部控制指数评估内部控制有效性的测量方法，虽然能够全面、动态地反映各类企业内部控制有效性的变化，但不能兼顾内部控制过程和目标，其对内部控制有效性的测度是有偏差的（林斌等，2014；陈汉文、黄轩昊，2019）。本书从满足企业利益相关者（政府）进行决策的信息需求（补贴政策选择性）出发，参考相关研究（戴文涛、李维安，2013；林斌等，2014），建立了反映企业内部控制有效性的代理指标，即内部控制目标实现程度指标。本书借鉴曲国霞等（2015）的研究，将采用的目标分析法作为内部控制质量的替代指标，并参照李育红（2011）的研究，将企业内部控制目标分为战略目标、报告目标、合规目标及经营目标四个子目标进行分析。其他变量及定义见第四章。

（三）研究模型

为了探讨企业内部控制是否提高了财政补贴（资源）的利用效率，本书参考 Tan 等（2014）及黎文靖和郑曼妮（2016）的研究，建立了以下模型：

$$Inno_{i,t+1}(IE_{i,t+1}) = \beta_0 + \beta_1 IC_{i,t} + \beta_2 \sum Control_{i,t} + \sum Year + \sum Ind + \varepsilon_{i,t} \tag{5-1}$$

$$Inno_{i,t+1}(IE_{i,t+1}) = \gamma_1 + \gamma_2 Sub_{i,t}(Tax_{i,t})IC_{i,t} + \gamma_3 \sum Control_{i,t} + \sum Year + \sum Ind + \varepsilon_{i,t} \tag{5-2}$$

式中：*Inno* 代表企业的创新产出数量；*Sub* 代表财政补贴；*IC* 代表内部控制质量；*Control* 代表控制变量，包括资产净利率（*Roa*）、企业成长性（*TQ*）、财务杠杆（*Lev*）、上市年龄（*Age*）、企业规模（*Size*）、产权性质（*Soe*）、股权集中度（*Top*1），变量定义参见表4－1；*Year* 和 *Ind* 用于控制年度和行业固定效应。此外，*i* 表示沪深A股第 *i* 家公司，*t* 表示年份，$\varepsilon_{i,t}$为随机误差项。所有回归分析都采用Robust调整标准误差。

式（5－1）和式（5－2）表示的模型中各变量的详细含义参见表4－1。根据假设H5－1，良好的内部控制质量对促进上市公司的创新研发活动发展有积极的效果，所以式（5－1）表示的模型中的 *IC* 系数 β_1 显著为正。根据假设H5－2a和假设H5－2b，良好的内部控制质量对促进上市公司的创新支持政策有激励效果，所以式（5－2）表示的预测模型中的系数 γ_2 显著为正。假设H5－3a和假设H5－3b、假设H5－4a和假设H5－4b、假设H5－5a和假设H5－5b将继续采用式（5－2）进行分析。本书通过分组回归方法分别对假设H5－6a和假设H5－6b、假设H5－7a和假设H5－7b进行检验。具体是将式（5－1）表示的模型按产权性质进行分组回归。

三、实证结果分析与讨论

（一）内部控制与企业创新能力

为了检验研究假设，本书对式（5－1）表示的模型进行了多元回归分析，具体结果见表5－1。模型均对年度效应和行业效应进行了控制。

表5－1第（1）列中，内部控制质量（*IC*）的系数估计值为0.0370，且在1%的水平上显著为正，表明内部控制会对企业专利申请数量产生影响，且内部控制程度越高，专利申请数量越多。表5－1第（2）列中，内部控制质量（*IC*）的系数估计值为0.0377，在1%的水平上显著为正，表

明良好的内部控制能够促进企业实现实质性创新。表5－1第（3）列中，内部控制质量（*IC*）的系数估计值为0.0186，且在1%的水平上显著为正，表明良好的内部控制能够促进企业实现策略性创新。表5－1这三列结果与理论分析的阐述基本一致，即有效的内部控制可以通过减少信息不对称，降低企业的融资成本，促进企业的研发投入，降低研发风险，进而提升创新能力。表5－1第（4）列中，内部控制质量（*IC*）的系数估计值为0.0212，且在10%的水平上显著为正，表明良好的内部控制能够促进企业实现创新效率。可能的原因是良好的内部控制既能促进研发投入，也能促进研发产出，效率是投入和产出的综合表现。总体上来看，高水平的内部控制会增加企业创新产出的数量、质量和创新效率。虽然本书在指标选取上采用了创新产出的数量、质量和效率来评价创新能力，但总体上来说，对创新产出是具有主要贡献的。因此，该实证检验结果支持了本书的假设H5－1。

表5－1 内部控制与企业创新的多元回归实证结果

变量符号	(1) *Inno*	(2) *Subin*	(3) *Strain*	(4) *IE*
IC	0.0370*** (3.2578)	0.0377*** (4.1940)	0.0186*** (2.8603)	0.0212* (1.8045)
Roa	1.9224*** (6.1368)	1.2593*** (4.9706)	1.6667*** (8.4216)	−1.8068*** (−4.2367)
TQ	0.0044 (0.3245)	0.0417*** (3.6005)	0.0262*** (2.9921)	0.0615*** (2.9892)
*Top*1	−0.0031*** (−2.8821)	−0.0047*** (−5.2625)	−0.0014** (−2.1552)	−0.0028** (−2.2336)
Lev	0.2913*** (3.0931)	0.1644** (2.1264)	0.0580 (1.0220)	−0.6444*** (−4.9462)
Age	−0.3919*** (−20.0219)	−0.2932*** (−18.1472)	−0.1860*** (−15.1718)	−0.5050*** (−20.0816)

续表 5－1

变量符号	(1) *Inno*	(2) *Subin*	(3) *Strain*	(4) *IE*
Size	0.2624*** (13.5869)	0.2766*** (16.5926)	0.1505*** (13.0356)	−0.2152*** (−12.7386)
Soe	0.1989*** (5.5096)	0.2527*** (8.3625)	0.0784*** (3.4588)	0.1506*** (3.7679)
Region	−0.0980*** (−5.0578)	−0.0919*** (−5.7883)	−0.0561*** (−4.7291)	−0.0729*** (−3.1866)
_cons	−4.6779*** (−11.4949)	−5.3477*** (−15.2810)	−2.7145*** (−10.8741)	6.2436*** (17.4158)
Year FE	是	是	是	是
Ind FE	是	是	是	是
N	11558	11558	11558	11558
R^2	0.1766	0.1537	0.1401	0.1422
Adj. R^2	0.1743	0.1513	0.1378	0.1398

注：①“*”“**”“***”分别表示在10%、5%、1%的统计水平上显著；②括号内的数值为检验 *T* 值。

（二）政府财税支持政策、内部控制与企业技术创新

为了检验研究假设，本书对式（5－2）表示的模型进行了多元回归分析，具体结果见表5－2。模型均对年度效应和行业效应进行了控制。

1. 财政补贴、内部控制与企业创新能力

表5－2显示了内部控制质量对财政补贴与企业技术创新调节效应的回归结果。表5－2第（1）列中，在创新产出总量下，财政补贴与内部控制质量的交互项（*Sub_IC*）系数估计值为1.5285，在1%的水平上显著为正，表明高水平的内部控制可显著提升财政补贴的创新激励效应，促进企业专利申请数量的增加，假设H5－2a成立。表5－2第（2）列和第（3）列显示，从创新质量视角考察，将企业创新产出进一步分

为实质性创新与策略性创新后，财政补贴与内部控制质量的交互项（*Sub_IC*）系数估计值都在1%的水平上显著为正，但实质性创新的交互项系数更大，表明高水平内部控制对财政补贴的实质性创新激励效应作用更强，假设H5－4b成立。表5－2第（4）列中，财政补贴与内部控制质量的交互项（*Sub_IC*）系数在5%的水平上显著为正，表明企业内部控制可提高财政补贴的创新效率。

表5－2　内部控制对财政补贴与企业创新的调节作用的回归实证结果

变量符号	(1) *Inno*	(2) *Subin*	(3) *Strain*	(4) *IE*
Sub	−6.2269** (−2.2212)	−4.5495** (−2.0971)	−2.3521 (−1.5797)	7.0304 (1.2318)
Sub_IC	1.5285*** (3.3836)	1.4111*** (3.9983)	0.7067*** (2.8939)	1.8800** (2.1018)
IC	0.0211 (1.6298)	0.0236** (2.2913)	0.0115 (1.5714)	0.0087 (0.7249)
Roa	1.9616*** (6.2537)	1.3242*** (5.2337)	1.6974*** (8.5681)	−1.4066*** (−3.4084)
TQ	0.0023 (0.1675)	0.0384*** (3.3340)	0.0246*** (2.8128)	0.0431** (2.1127)
*Top*1	−0.0029*** (−2.7604)	−0.0045*** (−5.0925)	−0.0013** (−2.0388)	−0.0021* (−1.7186)
Lev	0.3210*** (3.4067)	0.2018*** (2.6162)	0.0761 (1.3398)	−0.4845*** (−3.8232)
Age	−0.3874*** (−19.7470)	−0.2876*** (−17.8002)	−0.1833*** (−14.9501)	−0.4819*** (−19.5808)
Size	0.2637*** (13.6596)	0.2778*** (16.6815)	0.1511*** (13.0870)	−0.2141*** (−12.8403)
Soe	0.1974*** (5.4674)	0.2515*** (8.3307)	0.0778*** (3.4335)	0.1506*** (3.8155)

续表 5-2

变量符号	(1) *Inno*	(2) *Subin*	(3) *Strain*	(4) *IE*
Region	-0.0987*** (-5.0961)	-0.0929*** (-5.8527)	-0.0566*** (-4.7697)	-0.0774*** (-3.4115)
_cons	-4.6935*** (-11.5059)	-5.3953*** (-15.3938)	-2.7363*** (-10.9269)	5.8176*** (16.2162)
Year FE	是	是	是	是
Ind FE	是	是	是	是
N	11558	11558	11558	11558
R^2	0.1781	0.1568	0.1415	0.1632
Adj. R^2	0.1757	0.1543	0.1390	0.1607

注：①“*”“**”“***”分别表示在10%、5%、1%的统计水平上显著；②括号内的数值为检验 *T* 值。

2. 税收优惠、内部控制与企业创新能力

表5-3显示了内部控制质量对税收优惠与企业技术创新调节效应的回归结果。表5-3第（1）列中，在创新产出总量下，税收优惠与内部控制质量的交互项（*Tax_IC*）系数估计值为0.0804，在10%的水平上显著为正，表明高水平的内部控制可显著提升税收优惠的创新激励效应，促进企业专利申请数量的增加，假设H5-2b成立。表5-3第（2）列显示，从创新质量视角考察，将企业创新产出进一步细分后，税收优惠与内部控制质量的交互项（*Tax_IC*）系数估计值为0.1066，在1%的水平上显著为正，表明高水平内部控制会促进税收优惠的实质性创新激励效应，假设H5-5b成立。表5-3第（3）列显示，税收优惠与内部控制质量的交互项（*Tax_IC*）系数估计值不显著，表明高水平内部控制不会促进税收优惠的策略性创新激励，假设H5-5a不成立。表5-3第（4）列显示，税收优惠与内部控制质量的交互项（*Tax_IC*）系数在1%的水平上显著为正，表明企业内部控制可以促进税收优惠的创新效率。

表5-3　内部控制对税收优惠与企业创新的调节作用的回归实证结果

变量符号	(1) *Inno*	(2) *Subin*	(3) *Strain*	(4) *IE*
Tax	0.1783 (0.6648)	-0.0389 (-0.1890)	0.1349 (0.8681)	-0.2766 (-1.0986)
Tax_IC	0.0804* (1.8105)	0.1066*** (3.0960)	0.0299 (1.1496)	0.1355*** (3.1456)
IC	0.0303** (2.5065)	0.0278*** (2.8783)	0.0164** (2.3466)	0.0078 (0.6669)
Roa	2.1261*** (6.6474)	1.4153*** (5.4707)	1.7708*** (8.7791)	-1.7024*** (-3.9180)
TQ	-0.0001 (-0.0108)	0.0379*** (3.2852)	0.0239*** (2.7361)	0.0586*** (2.8476)
Top1	-0.0029*** (-2.7117)	-0.0045*** (-5.0576)	-0.0013** (-2.0316)	-0.0026** (-2.0807)
Lev	0.3108*** (3.3036)	0.1814** (2.3498)	0.0674 (1.1889)	-0.6301*** (-4.8363)
Age	-0.3822*** (-19.5004)	-0.2845*** (-17.6035)	-0.1814*** (-14.7705)	-0.4974*** (-19.7751)
Size	0.2632*** (13.6419)	0.2779*** (16.6913)	0.1507*** (13.0473)	-0.2135*** (-12.6209)
Soe	0.2014*** (5.5939)	0.2551*** (8.4686)	0.0797*** (3.5166)	0.1527*** (3.8256)
Region	-0.0994*** (-5.1330)	-0.0935*** (-5.8875)	-0.0568*** (-4.7826)	-0.0746*** (-3.2578)
_cons	-4.7935*** (-11.7792)	-5.4385*** (-15.5509)	-2.7730*** (-11.1000)	6.1797*** (17.2421)
Year FE	是	是	是	是
Ind FE	是	是	是	是
N	11558	11558	11558	11558

续表 5－3

变量符号	(1) *Inno*	(2) *Subin*	(3) *Strain*	(4) *IE*
R^2	0.1806	0.1588	0.1426	0.1441
Adj. R^2	0.1782	0.1563	0.1401	0.1416

注：①“*”“**”“***”分别表示在10%、5%、1%的统计水平上显著；②括号内的数值为检验 *T* 值。

（三）政府财税支持政策的激励效应的产权异质性分析

1. 财政补贴的激励效应的产权异质性分析

产权性质差异会导致企业的资源基础和创新活力等方面均有不同。作为国民经济支柱的国有企业，其重要的战略地位和与政府间的联系使其更容易获得政策倾斜和财政资金支持（Tong et al., 2014；黎文靖、李耀淘，2014）。为了分析财政补贴激励作用的机制，本书将样本企业按照企业产权性质分成两组，重复式（5－2）表示的模型的分析，结果见表5－4。

表5－4第（1）列和第（2）列是根据产权性质进行分组后对创新产出能力（专利申请数量）的回归结果。第（1）列中，国有企业的财政补贴与内部控制质量的交互项（*Sub_IC*）系数为2.0933，在5%的水平上显著为正，表明内部控制对国有企业的财政补贴的创新激励效应有显著正向调节。第（2）列中，非国有企业组的财政补贴与内部控制质量的交互项（*Sub_IC*）系数估计值为1.0254，在10%水平上显著为正，表明在非国有企业中，内部控制对财政补贴与创新能力的调节也有显著正向调节的影响，但影响程度低于对国有企业的内部控制的调节作用。

表5－4第（3）列和第（4）列是根据产权性质进行分组后对创新能力（创新效率）的回归结果。第（3）列为国有企业组，财政补贴与内部控制质量的交互项（*Sub_IC*）系数估计值为0.4680，但并不显著，表明在国有企业中，内部控制对财政补贴与创新效率的调节不发挥作用。第（4）列中，非国有企业的财政补贴与内部控制质量的交互项（*Sub_IC*）系数估计值为2.5466，在1%的水平上显著为正，表明从创新效率视角考

察，内部控制对非国有企业的财政补贴的创新激励效应有显著正向调节作用。

上述研究结果表明，从专利申请数量的视角出发考察企业的创新能力，对国有企业而言，其内部控制质量对财政补贴在研发活动中效益发挥的促进作用更强；从创新效率视角考察企业的创新能力，非国有企业的内部控制质量对财政补贴在研发活动中效益发挥的促进作用更强。具体原因如下：与非国有企业相比，财政补贴在国有企业技术创新过程中发挥的作用更强，可能原因在于国有企业具有更大的资产规模，其研发活动受到的融资约束较低，因此，专利申请的绝对数量相对更多。同时，国有企业的管理机制更严格，其内部控制质量对财政补贴在研发活动中效益发挥的促进作用更强。而非国有企业虽然在资产规模及研发支出总体规模上不如国有企业，但是更考虑投入产出，也相对占据优势。这与王一卉（2013）的研究结论相符，可能是由于私有产权主体的利益分配主体和目的都比较具体（吴延兵，2012），委托代理关系更明晰，促使企业的创新意愿更强（Lin et al.，2010），因此，其创新效率高于国有企业（刘瑞明、石磊，2010）。

表5-4　内部控制对财政补贴与企业创新的调节作用的回归实证结果

变量符号	(1) *Inno* *Soe* = 1	(2) *Inno* *Soe* = 0	(3) *IE* *Soe* = 1	(4) *IE* *Soe* = 0
Sub	-9.2839* (-1.8797)	-2.8975 (-0.8651)	10.9159 (0.9444)	5.8067 (1.0282)
Sub_IC	2.0933** (2.5701)	1.0254* (1.9355)	0.4680 (0.2618)	2.5466*** (2.8152)
IC	0.0159 (0.8303)	0.0350** (2.0215)	-0.0026 (-0.1709)	0.0199 (1.0287)
Roa	1.6704*** (2.9598)	1.8931*** (5.0385)	-0.5418 (-1.1119)	-1.4666** (-2.4809)
TQ	-0.0367 (-1.4924)	0.0281* (1.6524)	0.1053*** (3.2174)	0.0055 (0.2063)

续表5-4

变量符号	(1) *Inno* *Soe* = 1	(2) *Inno* *Soe* = 0	(3) *IE* *Soe* = 1	(4) *IE* *Soe* = 0
*Top*1	-0.0035** (-1.9622)	-0.0028** (-2.1002)	-0.0067*** (-5.5402)	0.0000 (0.0079)
Lev	0.0384 (0.2419)	0.4149*** (3.5187)	-0.1520 (-0.9963)	-0.5436*** (-2.9000)
Age	-0.3301*** (-9.1889)	-0.4237*** (-17.1458)	-0.3637*** (-9.3398)	-0.4443*** (-13.2465)
Size	0.2802*** (10.1623)	0.2839*** (10.2574)	-0.0884*** (-5.1602)	-0.3688*** (-11.3522)
Region	-0.0651** (-2.2566)	-0.1319*** (-4.9843)	-0.0673*** (-3.1663)	-0.0618 (-1.5310)
_*cons*	-4.9398*** (-8.2875)	-5.0570*** (-8.4883)	2.9585*** (7.1840)	8.9817*** (12.8901)
Year FE	是	是	是	是
Ind FE	是	是	是	是
N	4684	6874	4684	6874
R^2	0.2110	0.1634	0.1426	0.1457
Adj. R^2	0.2056	0.1594	0.1367	0.1416

注：①“*”“**”“***”分别表示在10%、5%、1%的统计水平上显著；②括号内的数值为检验*T*值。

2. 税收优惠的激励效应的产权异质性分析

为了分析税收优惠的激励作用机制，本书将样本企业按照企业产权性质分成两组，重复式（5-2）表示的模型的分析，结果见表5-5。

表5-5第（1）列和第（2）列是根据产权性质进行分组，分别讨论在国有企业和非国有企业中内部控制对税收优惠和创新产出能力（专利申请数量）的调节作用。第（1）列中，国有企业组的税收优惠与内部控制

质量的交互项（*Tax_IC*）系数不显著，表明内部控制对国有企业的税收优惠的创新激励效应没有影响。第（2）列中，非国有企业组的税收优惠与内部控制质量的交互项（*Tax_IC*）系数为0.1660，在1%的水平上显著为正，表明内部控制质量对非国有企业的税收优惠的创新激励效应有显著的正向调节作用。

表5-5第（3）列和第（4）列是根据产权性质进行分组，分别讨论在国有企业和非国有企业中内部控制对税收优惠和创新产出（创新效率）的调节作用。第（3）列为国有企业组，税收优惠与内部控制质量的交互项（*Tax_IC*）系数为0.0047，但并不显著，表明在国有企业中，内部控制对税收优惠与创新效率的调节不发挥作用。第（4）列中，非国有企业的税收优惠与内部控制质量的交互项（*Tax_IC*）系数为0.3206，在1%的水平上显著为正，表明从创新效率视角考察，内部控制对非国有企业的税收优惠的创新激励效应有显著的正向调节作用。

上述研究结果表明，不管是从专利申请数量的视角出发，还是从创新效率的视角出发考察企业的创新能力，内部控制都仅对非国有企业的税收优惠在研发活动的效益发挥中具有促进作用。

表5-5 内部控制对税收优惠与企业创新的调节作用的回归实证结果

变量符号	(1) *Inno* *Soe* = 1	(2) *Inno* *Soe* = 0	(3) *IE* *Soe* = 1	(4) *IE* *Soe* = 0
Tax	0.6402* (1.7189)	-0.4132 (-1.1089)	0.4449 (1.5687)	-1.2700*** (-2.9068)
Tax_IC	0.0121 (0.1956)	0.1660*** (2.6707)	0.0047 (0.0973)	0.3206*** (4.2230)
IC	0.0374** (2.2354)	0.0265 (1.5135)	-0.0007 (-0.0548)	0.0011 (0.0518)
Roa	1.9496*** (3.3824)	1.9789*** (5.1725)	-0.5768 (-1.1389)	-1.8557*** (-2.9792)
TQ	-0.0424* (-1.7317)	0.0278 (1.6329)	0.1064*** (3.2788)	0.0290 (1.0636)

续表 5 - 5

变量符号	(1) Inno Soe = 1	(2) Inno Soe = 0	(3) IE Soe = 1	(4) IE Soe = 0
Top1	-0.0034* (-1.9118)	-0.0028** (-2.0802)	-0.0069*** (-5.6307)	-0.0006 (-0.3164)
Lev	0.0548 (0.3455)	0.3893*** (3.3070)	-0.1971 (-1.2496)	-0.7637*** (-3.9787)
Age	-0.3273*** (-9.1267)	-0.4182*** (-16.8917)	-0.3868*** (-9.4488)	-0.4532*** (-13.2269)
Size	0.2780*** (10.1055)	0.2823*** (10.2021)	-0.0944*** (-5.3586)	-0.3692*** (-11.2574)
Region	-0.0701** (-2.4369)	-0.1282*** (-4.8433)	-0.0762*** (-3.5364)	-0.0394 (-0.9653)
_cons	-5.0861*** (-8.5652)	-4.9914*** (-8.3926)	3.3298*** (8.1636)	9.5610*** (13.6362)
Year FE	是	是	是	是
Ind FE	是	是	是	是
N	4684	6874	4684	6874
R^2	0.2143	0.1651	0.1240	0.1253
Adj. R^2	0.2089	0.1610	0.1180	0.1211

注：①"*""**""***"分别表示在10%、5%、1%的统计水平上显著；②括号内的数值为检验 T 值。

（四）财税政策并行情况下内部控制的调节作用分析

为了考察内部控制对税收优惠与财政补贴的配合效应的调节作用，本书研究共同实行两种政策下的内部控制的调节作用，具体结果见表 5 - 6。

之前的分析结果显示，在仅考虑财政补贴时，内部控制对财政补贴在产出数量、质量及创新效率方面均有促进作用。在仅考虑税收优惠政策的情况下，内部控制对税收优惠（*Tax*）的策略性创新产出没有影响，对其他均产生正向调节作用。因此，可以认为，单行财政补贴或者税收优惠政策均对企业创新具有显著的正向激励作用，且财政补贴政策的创新激励作用更强。表5-6第（1）列显示，以创新产出数量来说，当考虑两种政策并行实施时，内部控制质量与财政补贴的交互项（*Sub_IC*）系数为1.4601，且在1%的水平上显著为正，表明内部控制对财政补贴的创新激励具有正向调节作用。表5-6第（2）列显示，就创新产出质量来说，作为实质性创新产出，内部控制质量与财政补贴的交互项（*Sub_IC*）系数和税收优惠幅度的交互项（*Tax_IC*）系数分别为1.3387和0.0972，且都在1%的水平上显著有效，表明内部控制对两种政策并行的实质性创新激励具有正向调节作用。表5-6第（3）列显示，就策略性创新产出来说，内部控制质量与财政补贴的交互项（*Sub_IC*）系数正向显著，但与税收优惠的交互项（*Tax_IC*）系数不显著，表明内部控制对两种政策并行下的策略性创新激励不具有同时正向调节作用。表5-6第（4）列显示，就创新效率（*IE*）来说，内部控制与两种政策的交互项系数都在5%的水平上显著为正，表明内部控制对两种政策并行的创新效率激励具有同时正向调节作用。

通过以上研究可以发现，在两种政策的并行实施下，内部控制仅对实质性创新产出和创新效率同时具有正向调节作用；而对于创新产出数量和策略性创新产出，内部控制仅对财政补贴的激励效应发挥调节作用，对税收优惠的激励效应没有调节作用。

表5-6　内部控制对财政政策并行与企业创新的调节作用的回归实证结果

变量符号	(1) *Inno*	(2) *Subin*	(3) *Strain*	(4) *IE*
Sub	-6.0997** (-2.1609)	-4.3806** (-2.0032)	-2.3070 (-1.5522)	7.2086 (1.2630)
Sub_IC	1.4601*** (3.2160)	1.3387*** (3.7746)	0.6774*** (2.7839)	1.8144** (2.0294)
Tax	0.2118 (0.7897)	-0.0027 (-0.0133)	0.1528 (0.9848)	-0.1688 (-0.7001)

续表 5 - 6

变量符号	(1) *Inno*	(2) *Subin*	(3) *Strain*	(4) *IE*
Tax_IC	0.0721 (1.6241)	0.0972*** (2.8272)	0.0252 (0.9738)	0.1033** (2.4983)
IC	0.0159 (1.1785)	0.0154 (1.4144)	0.0100 (1.2864)	-0.0007 (-0.0598)
Roa	2.1604*** (6.7463)	1.4751*** (5.7085)	1.7989*** (8.9056)	-1.3134*** (-3.1232)
TQ	-0.0020 (-0.1464)	0.0349*** (3.0401)	0.0225** (2.5733)	0.0406** (1.9953)
*Top*1	-0.0028*** (-2.6080)	-0.0044*** (-4.9087)	-0.0013* (-1.9297)	-0.0020 (-1.5997)
Lev	0.3375*** (3.5870)	0.2159*** (2.8037)	0.0842 (1.4819)	-0.4743*** (-3.7418)
Age	-0.3783*** (-19.2583)	-0.2796*** (-17.2924)	-0.1790*** (-14.5716)	-0.4758*** (-19.3072)
Size	0.2644*** (13.7043)	0.2789*** (16.7645)	0.1513*** (13.0905)	-0.2128*** (-12.7409)
Soe	0.1999*** (5.5509)	0.2539*** (8.4343)	0.0790*** (3.4902)	0.1525*** (3.8652)
Region	-0.1000*** (-5.1631)	-0.0943*** (-5.9413)	-0.0572*** (-4.8163)	-0.0787*** (-3.4645)
_cons	-4.8040*** (-11.7764)	-5.4813*** (-15.6443)	-2.7922*** (-11.1384)	5.7624*** (16.0621)
Year FE	是	是	是	是
Ind FE	是	是	是	是
N	11558	11558	11558	11558
R^2	0.1819	0.1614	0.1438	0.1645
Adj. R^2	0.1793	0.1588	0.1411	0.1619

注：①“*”“**”“***”分别表示在10%、5%、1%的统计水平上显著；②括号内的数值为检验 *T* 值。

（五）内部控制目标实现程度的调节效应分析

1. 内部控制目标的代理变量设定

为了揭示内部控制在促进企业财政补贴的创新激励效应中的作用情境，笔者将展开进一步分析。已有研究绝大多数采用内部控制质量总体指数及其五要素分指数来衡量企业的内部控制质量，指数测评标准为企业自行披露的内部控制报告等相关信息，多为企业的自我评价。根据《企业内部控制基本规范》，内部控制是实现控制目标的过程。内部控制的五要素均为内部控制目标服务，内部控制的有效性能为内部控制目标的实现程度提供了合理保证。有学者认为，构建目标导向型的内部控制评价能够反映企业内部控制设计和运行的有效性（林斌等，2014）。本书从满足企业利益相关者（政府）进行决策的信息需求（补贴选择性）出发，参考相关研究（戴文涛、李维安，2013；林斌等，2014），建立了内部控制目标实现程度的代理指标，从另一视角反映企业内部控制的有效性。参照李育红（2011）的研究，本书将企业内部控制目标分为战略目标、报告目标、合规目标及经营目标四个子目标进行分析。

《企业内部控制基本规范》明确规定："内部控制的目标是合理保证企业经营管理合法合规、资产安全、财务报告及相关信息真实完整，提高经营效率和效果，促进企业实现发展战略。"[①] 因此，有效的内部控制能为企业内部控制目标的实现提供合理保证。《企业内部控制基本规范》把内部控制目标分为五个方面，即合规性、资产安全性、报告真实性、经营效率性和战略性。企业资产的安全性决定了企业经营的效率和效果，因此，企业内部控制的经营效率效果目标可以包含资产安全目标（张先治、戴文涛，2011；谢力，2017），即上述五个目标可以归类为四个目标。进一步借鉴 COSO 的内部控制目标，本书认为企业内部控制目标主要体现在发展战略、经营效果、财务报告、合法合规四个方面。

---

① 《财政部　证监会　审计署　银监会　保监会关于印发〈企业内部控制基本规范〉的通知》（财会〔2008〕7 号），中华人民共和国财政部网，2008 年 7 月 4 日，见 http://kjs.mof.gov.cn/zhengcefabu/200807/t20080704_55982.htm。

内部控制的战略目标是企业自我认定企业的外部机会和威胁及内部优势和弱点，从而确定任务的起点，反映了企业经营活动的主要发展方向。合适的战略能够促使企业根据所处的内外部环境及时调整策略，提高创新能力。因此，本书采用“(主管业务收入－同行业主管业务收入均值)/同行业主管业务收入均值”的公式来衡量战略目标的实现程度。

内部控制的经营目标是提高企业的经营效率和效果。企业的经营过程是利用各项资产生成产品和销售产品的过程。企业营运能力是企业利用现有资源创造价值的能力，一般是通过营运资产的投入和产出的比较来体现，采用企业营业收入与期末总资产的比值来衡量。

内部控制的财务报告目标是保障财务报告的信息可靠性。因此，内部控制报告目标可以通过注册会计师发表的内部控制审计意见进行反映。当内部控制获得的审计意见为无保留意见时，企业层面的控制和业务层面的控制均可以信赖，财务报告的质量得到了保障；反之则不然。因此，当内部控制意见为标准审计意见时，表明实现了目标，取值为1，否则为0。

内部控制的合规目标强调企业应当遵循国家法律法规。企业财务舞弊行为的发生根源之一是管理层的蓄意行为，这些舞弊违法行为往往隐藏较深且可能凌驾于内部控制之上，需要外部监管部门或外部审计机构才能揭露出来。因此，本书用外部监管的结果来衡量企业合规目标的实现程度。具体为企业未被司法机关等监管部门处理，表明实现了合规目标。

内部控制目标的代理指标的变量见表5－7。

表5－7　内部控制目标的代理指标的变量

变量名称	变量符号	指标说明
战略目标	*Stra*	(主管业务收入－同行业主管业务收入均值)/同行业主管业务收入均值
经营目标	*Oper*	企业营业收入/期末总资产
报告目标	*Repo*	内部控制获得的审计意见，获得标准审计意见时该值为1，否则为0
合规目标	*Comp*	企业未被司法机关等监管部门处理，实现合规目标该值为1，否则为0

2. 内部控制目标的调节效应分析

为了进一步分析内部控制的治理效应，本书将样本企业按照内部控制的战略目标、经营目标、报告目标和合规目标分别重复式（5－2）表示的模型的分析。

（1）战略目标分析。内部控制战略目标的分析结果见表5－8和表5－9。表5－8第（1）列中，在创新产出总量下，财政补贴与内部控制的战略目标的交互项（*Sub_Stra*）系数为4.7425，在1%的水平上显著为正，表明内部控制战略目标对财政补贴促使专利申请数量增加有显著正向调节的影响。表5－8第（2）列和第（3）列显示，将企业创新产出进一步分为实质性创新与策略性创新后，财政补贴与战略目标的交互项系数均在1%的水平上显著为正，但在策略性创新下，财政补贴与内部控制的战略目标的交互项（*Sub_Stra*）系数更大，即内部控制的战略目标会更促进企业外观设计和实用新型专利的产出。表5－8第（4）列中，财政补贴与内部控制的战略目标的交互项系数不显著，表明内部控制的战略目标不影响财政补贴的创新效率，即内部控制的战略目标的制定削弱了财政补贴对企业创新效率的促进作用。战略目标关注企业长期绩效的提高，因此，注重战略发展的企业更关注企业核心业务的长远发展以及高质量发展（Hoskisson et al.，1991）。追求长远发展的企业，其主营业务发展得越好，越抑制财政补贴对企业研发投入产出的促进作用。上述结论表明，内部控制的战略目标对财政补贴和企业创新能力具有正向调节的作用。

表5－8　内部控制战略目标对财政补贴的调节效应的回归结果

变量符号	(1) *Inno*	(2) *Subin*	(3) *Strain*	(4) *IE*
Sub	6.4254*** (5.7373)	6.9675*** (7.3821)	4.7041*** (6.7374)	19.0512*** (11.4436)
Sub_Stra	4.7425*** (4.6510)	3.9033*** (4.4274)	4.4484*** (6.6070)	-0.2662 (-0.2659)
Stra	0.0761*** (6.5556)	0.0819*** (8.0039)	0.0348*** (5.3044)	0.0593*** (8.9498)

续表5-8

变量符号	(1) *Inno*	(2) *Subin*	(3) *Strain*	(4) *IE*
Roa	2.4821*** (8.3900)	1.8659*** (7.8101)	1.9473*** (10.4324)	-0.9722** (-2.4404)
TQ	-0.0249* (-1.8121)	0.0105 (0.9110)	0.0101 (1.1575)	0.0246 (1.1950)
Top1	-0.0034*** (-3.3024)	-0.0051*** (-5.8985)	-0.0015** (-2.3166)	-0.0026** (-2.1259)
Lev	0.3319*** (3.5599)	0.2159*** (2.8428)	0.0781 (1.3851)	-0.4730*** (-3.7465)
Age	-0.3574*** (-18.2395)	-0.2576*** (-16.0144)	-0.1651*** (-13.5580)	-0.4670*** (-19.0424)
Size	0.1009*** (4.6668)	0.1140*** (6.3549)	0.0552*** (4.4014)	-0.3040*** (-13.1173)
Soe	0.1711*** (4.7810)	0.2257*** (7.5461)	0.0603*** (2.6933)	0.1408*** (3.5682)
Region	-0.0879*** (-4.5827)	-0.0824*** (-5.2623)	-0.0493*** (-4.1793)	-0.0735*** (-3.2316)
_cons	-1.0934** (-2.3912)	-1.7543*** (-4.6258)	-0.6308** (-2.3365)	7.8053*** (15.6143)
Year FE	是	是	是	是
Ind FE	是	是	是	是
N	11558	11558	11558	11558
R^2	0.1892	0.1726	0.1554	0.1648
Adj. R^2	0.1868	0.1702	0.1529	0.1624

注：①“*”“**”“***”分别表示在10%、5%、1%的统计水平上显著；②括号内的数值为检验*T*值。

表5-9第（1）列中，在创新产出总量下，税收优惠与内部控制战略目标的交互项（*Tax_Stra*）系数为0.1110，在5%的水平上显著为正，表

明内部控制的战略目标对税收优惠促进专利申请数量增加有显著正向调节的作用。表5-9第（2）列和第（3）列显示，将企业创新产出进一步分为实质性创新与策略性创新后，税收优惠与战略目标的交互项系数均在1%的水平上显著为正，但在实质性创新下，税收优惠与战略目标的交互项系数更大，即内部控制的战略目标会更促进企业发明专利的产出。表5-9第（4）列中，税收优惠与战略目标的交互项系数在1%的水平上显著为负，表明企业战略目标会负向影响税收优惠的创新效率，即战略目标的制定削弱了税收优惠对企业创新效率的促进作用。上述结论表明，内部控制的战略目标对税收优惠和企业创新能力具有正向调节的作用。

表5-9　内部控制战略目标对税收优惠的调节效应的回归结果

变量符号	(1) *Inno*	(2) *Subin*	(3) *Strain*	(4) *IE*
Tax	0.6158*** (7.0643)	0.5506*** (7.8369)	0.2840*** (5.6364)	0.5264*** (5.1023)
Tax_Stra	0.1110** (2.3212)	0.1135*** (2.6192)	0.0927*** (3.1894)	-0.0592*** (-2.6363)
Stra	0.0829*** (7.2735)	0.0851*** (8.4492)	0.0426*** (6.4736)	0.0479*** (7.7768)
Roa	2.6418*** (8.8520)	1.9594*** (8.0933)	2.0094*** (10.6308)	-1.2844*** (-3.0952)
TQ	-0.0239* (-1.7378)	0.0133 (1.1429)	0.0117 (1.3407)	0.0443** (2.1429)
Top1	-0.0037*** (-3.5545)	-0.0054*** (-6.1735)	-0.0018*** (-2.7124)	-0.0031** (-2.4389)
Lev	0.3223*** (3.4546)	0.1938** (2.5441)	0.0718 (1.2693)	-0.6168*** (-4.7498)
Age	-0.3597*** (-18.3659)	-0.2614*** (-16.2278)	-0.1697*** (-13.9038)	-0.4847*** (-19.3585)
Size	0.1244*** (5.6823)	0.1349*** (7.4375)	0.0760*** (6.0625)	-0.2833*** (-12.5313)

续表 5-9

变量符号	(1) *Inno*	(2) *Subin*	(3) *Strain*	(4) *IE*
Soe	0.1827 *** (5.0974)	0.2358 *** (7.8579)	0.0699 *** (3.0965)	0.1422 *** (3.5627)
Region	-0.0920 *** (-4.7990)	-0.0856 *** (-5.4675)	-0.0529 *** (-4.4769)	-0.0701 *** (-3.0554)
_cons	-1.6051 *** (-3.4623)	-2.1768 *** (-5.6631)	-1.0554 *** (-3.8932)	7.7306 *** (15.7145)
Year FE	是	是	是	是
Ind FE	是	是	是	是
N	11558	11558	11558	11558
R^2	0.1891	0.1718	0.1503	0.1451
Adj. R^2	0.1867	0.1694	0.1478	0.1426

注：①“*”“**”“***”分别表示在10%、5%、1%的统计水平上显著；②括号内的数值为检验 *T* 值。

(2) 经营目标分析。内部控制经营目标的分析结果见表5-10和表5-11。表5-10第(1)列中，在创新产出总量下，财政补贴与内部控制的经营目标的交互项(*Sub_Oper*)系数为27.9360，在1%的水平上显著为正，表明内部控制的经营目标实现程度对财政补贴促进专利申请数量增加有显著正向调节的作用。表5-10第(2)列和第(3)列显示，从创新质量的视角考察，财政补贴与经营目标的交互项系数均在1%的水平上显著为正，但在实质性创新下，财政补贴与经营目标的交互项系数更大，为25.9481，即与非发明专利产出相比，内部控制的经营目标会增加财政补贴促进企业发明专利的产出。表5-10第(4)列中，财政补贴与经营目标的交互项系数为负，但是不显著，表明企业经营目标不影响财政补贴的创新效率。上述结论表明，经营目标促进财政补贴的创新激励效应的主要路径是使企业选择与其运营效率相符的风险容限，以保证经理人有意愿承担创新带来的风险。创新活动的不确定特性决定了培育与促进企业创新需要一个与其经营目标相符的内外部经营环境，仅靠政府的政策支持尚不具备效率性和持续性（杨道广等，2019）。上述结论表明，内部控制经营目标对财政补贴的创新产出数量和质量均具有正向调节作用，而对财政补贴的创新效率没有影响。

表5-10　内部控制经营目标对财政补贴的调节效应的回归结果

变量符号	(1) *Inno*	(2) *Subin*	(3) *Strain*	(4) *IE*
Sub	-5.8831*** (-3.3056)	-4.1826*** (-2.7404)	-5.1767*** (-4.6890)	17.6612*** (5.5825)
Sub_Oper	27.9360*** (6.0180)	25.9481*** (6.4002)	22.4836*** (6.9720)	-4.5060 (-0.7310)
Oper	0.0636 (1.4379)	0.0793** (2.1920)	0.0749*** (2.7520)	-0.4570*** (-10.5687)
Roa	1.7840*** (5.7873)	1.1600*** (4.6259)	1.4042*** (7.2973)	-0.2851 (-0.7337)
TQ	-0.0058 (-0.4246)	0.0305*** (2.6579)	0.0195** (2.2231)	0.0401** (1.9753)
Top1	-0.0033*** (-3.1065)	-0.0049*** (-5.5283)	-0.0017*** (-2.5778)	-0.0010 (-0.7644)
Lev	0.1386 (1.4346)	0.0208 (0.2624)	-0.0766 (-1.3314)	-0.2541** (-2.0548)
Age	-0.3984*** (-20.4040)	-0.2990*** (-18.6084)	-0.1915*** (-15.7415)	-0.4702*** (-19.2888)
Size	0.2817*** (14.5721)	0.2957*** (17.7300)	0.1651*** (14.2828)	-0.2273*** (-13.7511)
Soe	0.1819*** (5.0517)	0.2365*** (7.8503)	0.0627*** (2.7756)	0.1799*** (4.5787)
Region	-0.0933*** (-4.8200)	-0.0876*** (-5.5325)	-0.0499*** (-4.2240)	-0.0990*** (-4.3831)
_cons	-4.9172*** (-12.0371)	-5.6084*** (-15.9742)	-2.9565*** (-11.7630)	6.3318*** (17.3606)

续表5-10

变量符号	(1) *Inno*	(2) *Subin*	(3) *Strain*	(4) *IE*
Year FE	是	是	是	是
Ind FE	是	是	是	是
N	11558	11558	11558	11558
R^2	0.1826	0.1627	0.1518	0.1685
Adj. R^2	0.1802	0.1602	0.1493	0.1661

注：①“*”“**”“***”分别表示在10%、5%、1%的统计水平上显著；②括号内的数值为检验*T*值。

表5-11第（1）列中，在创新产出总量下，税收优惠与内部控制经营目标的交互项（*Tax_Oper*）系数为0.5404，在5%的水平上显著为正，表明内部控制经营目标的实现程度对税收优惠促进专利申请数量的增加有显著正向调节的影响。表5-11第（2）列和第（3）列显示，从创新质量的视角考察，税收优惠与经营目标的交互项系数均在1%的水平上显著为正，但在实质性创新下，税收优惠与经营目标的交互项系数更大，系数为0.5009，即与非发明专利产出相比，内部控制经营目标会增加税收优惠促进企业发明专利的产出数量。表5-11第（4）列中，税收优惠与经营目标的交互项系数为负，在10%的水平上显著，表明企业经营目标抑制了税收优惠的创新效率。上述结论表明，内部控制经营目标对税收优惠的创新产出数量和质量均具有正向调节作用，而对税收优惠的创新效率有抑制作用。

表5-11　内部控制经营目标对税收优惠的调节效应的回归结果

变量符号	(1) *Inno*	(2) *Subin*	(3) *Strain*	(4) *IE*
Tax	0.3212** (2.1749)	0.2799** (2.3372)	0.1091 (1.3479)	0.7054*** (4.1268)
Tax_Oper	0.5404** (2.5428)	0.5009*** (2.8931)	0.3336*** (2.6126)	-0.3440* (-1.9514)

续表 5-11

变量符号	(1) *Inno*	(2) *Subin*	(3) *Strain*	(4) *IE*
Oper	0.0954** (2.2286)	0.0943*** (2.7098)	0.1124*** (4.2569)	-0.6301*** (-16.4766)
Roa	2.2629*** (7.4001)	1.5862*** (6.3765)	1.7057*** (9.0508)	-0.2192 (-0.5403)
TQ	-0.0031 (-0.2267)	0.0346*** (3.0225)	0.0229*** (2.6379)	0.0521** (2.5677)
*Top*1	-0.0033*** (-3.1134)	-0.0049*** (-5.5347)	-0.0017*** (-2.6308)	-0.0009 (-0.7151)
Lev	0.2165** (2.2379)	0.0899 (1.1308)	-0.0179 (-0.3125)	-0.2817** (-2.2189)
Age	-0.3924*** (-20.0253)	-0.2946*** (-18.2346)	-0.1893*** (-15.4446)	-0.4738*** (-19.1697)
Size	0.2722*** (14.0894)	0.2863*** (17.1602)	0.1575*** (13.6656)	-0.2323*** (-13.9317)
Soe	0.1993*** (5.5369)	0.2531*** (8.3934)	0.0754*** (3.3302)	0.1852*** (4.6656)
Region	-0.0977*** (-5.0567)	-0.0919*** (-5.7955)	-0.0533*** (-4.5053)	-0.1018*** (-4.4730)
_cons	-4.7695*** (-11.7044)	-5.4214*** (-15.4506)	-2.8134*** (-11.2358)	6.7604*** (18.4747)
Year FE	是	是	是	是
Ind FE	是	是	是	是
N	11558	11558	11558	11558
R^2	0.1809	0.1588	0.1448	0.1560
Adj. R^2	0.1785	0.1563	0.1423	0.1535

注：①“*”“**”“***”分别表示在10%、5%、1%的统计水平上显著；②括号内的数值为检验 *T* 值。

（3）报告目标分析。内部控制报告目标的分析结果见表5－12和表5－13。表5－12中，只有第（2）列中，财政补贴与内部控制报告目标的交互项（*Sub_Repo*）系数估计值为8.0306，在1%的水平上显著为正，表明内部控制的报告目标对财政补贴促进发明专利申请数量的增加有显著正向调节的作用，其他均不显著。内部控制审计的标准审计意见仅对企业财政补贴促进发明专利的产出有显著正向调节作用，这在一定程度上表明，内部控制无保留意见对财政补贴的创新产出质量更具有激励效应。这与我国内部控制监管的实践现状相符，我国企业的内部控制无论是从监管初衷还是从具体规定上看，都是以“促进企业实现发展战略”作为总目标，而不是以“提高财务报告可靠性”为导向。[①] 在推动企业实现发展战略的过程中，需要强调风险是中性的，既有危险也有机会。因此，应该动态地管理风险水平，在平衡风险与收益的过程中为企业创造价值。

表5－12　内部控制报告目标对财政补贴的调节效应的回归结果

变量符号	(1) *Inno*	(2) *Subin*	(3) *Strain*	(4) *IE*
Sub	－1.6960 (－0.4668)	－3.6796 (－1.3262)	－1.2074 (－0.5752)	9.0201 (1.3461)
Sub_Repo	5.0235 (1.3451)	8.0306*** (2.7976)	3.3019 (1.5284)	9.9136 (1.4366)
Repor	0.0539 (0.6157)	0.0551 (0.7836)	－0.0460 (－0.8730)	0.0193 (0.2392)
Roa	2.2731*** (7.5142)	1.6222*** (6.6275)	1.8852*** (9.8871)	－1.1731*** (－2.8933)
TQ	－0.0014 (－0.1018)	0.0351*** (3.0500)	0.0225*** (2.5770)	0.0401** (1.9658)
*Top*1	－0.0029*** (－2.7667)	－0.0045*** (－5.0990)	－0.0013** (－2.0362)	－0.0021* (－1.7315)

① 参见企业内部控制编审委员会《企业内部控制主要风险点、关键控制点与案例解析》，立信会计出版社2018年版，第113页。

续表 5 - 12

变量符号	(1) *Inno*	(2) *Subin*	(3) *Strain*	(4) *IE*
Lev	0. 3080 *** (3. 2642)	0. 1906 ** (2. 4678)	0. 0667 (1. 1740)	-0. 4925 *** (-3. 8894)
Age	-0. 3917 *** (-20. 0082)	-0. 2919 *** (-18. 0979)	-0. 1858 *** (-15. 1749)	-0. 4854 *** (-19. 7458)
Size	0. 2682 *** (13. 9026)	0. 2827 *** (16. 9819)	0. 1534 *** (13. 3144)	-0. 2109 *** (-12. 8095)
Soe	0. 2002 *** (5. 5381)	0. 2534 *** (8. 3791)	0. 0803 *** (3. 5358)	0. 1524 *** (3. 8657)
Region	-0. 1027 *** (-5. 2997)	-0. 0968 *** (-6. 0915)	-0. 0593 *** (-4. 9992)	-0. 0803 *** (-3. 5344)
_cons	-4. 6865 *** (-11. 2990)	-5. 3832 *** (-15. 1358)	-2. 6574 *** (-10. 4671)	5. 8040 *** (15. 9751)
Year FE	是	是	是	是
Ind FE	是	是	是	是
N	11558	11558	11558	11558
R^2	0. 1770	0. 1555	0. 1407	0. 1626
Adj. R^2	0. 1746	0. 1530	0. 1382	0. 1602

注：①“*”“**”“***”分别表示在10%、5%、1%的统计水平上显著；②括号内的数值为检验 *T* 值。

表5 - 13中，从第（1）列到第（4）列，税收优惠与内部控制报告目标的交互项（*Tax_Repo*）系数对企业创新产出的数量、质量和创新效率的估计值均显著，表明内部控制审计的标准审计意见对企业税收优惠的激励效应不仅体现在专利产出的数量上，还体现在发明专利产出和非发明专利产出并提高创新效率。与财政补贴的促进效用不同，内部控制审计的结果表明获得了所得税税收优惠的企业的激励效应在创新产出的三个维度上都有效，这从一定程度上表明税收优惠政策只对当年盈利的企业有效，企业只要经营状况好，内部控制的报告目标会更大程度地发挥正向调节效应。

表5-13　内部控制报告目标对税收优惠的调节效应的回归结果

变量符号	(1) *Inno*	(2) *Subin*	(3) *Strain*	(4) *IE*
Tax	0.0712 (0.2517)	0.0467 (0.2230)	0.0132 (0.0778)	-0.1144 (-0.3887)
Tax_Repo	0.6085** (2.0552)	0.5662** (2.5549)	0.3111* (1.7617)	0.6680** (2.1560)
Repor	0.0493 (0.5933)	0.0857 (1.3020)	-0.0409 (-0.7704)	0.0698 (0.7979)
Roa	2.4317*** (7.9587)	1.7336*** (6.9918)	1.9467*** (10.1130)	-1.5090*** (-3.5736)
TQ	-0.0032 (-0.2326)	0.0347*** (3.0222)	0.0222** (2.5461)	0.0565*** (2.7583)
*Top*1	-0.0029*** (-2.7346)	-0.0046*** (-5.1070)	-0.0013** (-2.0334)	-0.0027** (-2.1372)
Lev	0.2989*** (3.1812)	0.1714** (2.2241)	0.0581 (1.0272)	-0.6331*** (-4.8732)
Age	-0.3857*** (-19.7108)	-0.2880*** (-17.8371)	-0.1835*** (-14.9641)	-0.4989*** (-19.8668)
Size	0.2685*** (13.9422)	0.2828*** (17.0087)	0.1535*** (13.3381)	-0.2113*** (-12.7298)
Soe	0.2018*** (5.5947)	0.2549*** (8.4456)	0.0810*** (3.5704)	0.1510*** (3.7843)
Region	-0.1024*** (-5.2897)	-0.0961*** (-6.0495)	-0.0590*** (-4.9768)	-0.0749*** (-3.2692)
_cons	-4.7494*** (-11.4835)	-5.4378*** (-15.3278)	-2.6813*** (-10.5647)	6.1202*** (16.5872)
Year FE	是	是	是	是
Ind FE	是	是	是	是

续表 5－13

变量符号	(1) *Inno*	(2) *Subin*	(3) *Strain*	(4) *IE*
N	11558	11558	11558	11558
R^2	0.1800	0.1577	0.1421	0.1439
Adj. R^2	0.1776	0.1552	0.1396	0.1414

注：①“*”“**”“***”分别表示在10%、5%、1%的统计水平上显著；②括号内的数值为检验 *T* 值。

（4）合规目标分析。内部控制合规目标的分析结果见表 5－14 和表 5－15。表 5－14 中，第（4）列以创新效率（*IE*）作为产出要素考察，财政补贴与内部控制合规目标的交互项（*Sub_Comp*）系数为 9.1813，在 5% 的水平上显著为正，表明内部控制合规目标对财政补贴促进企业技术创新效率有显著正向调节的影响，而其他均不显著。企业通过强化创新风险控制规避风险，虽然严格控制了财政补贴的创新产出的绝对数效应，但是也提高了相对数效应。内部控制的合规目标强调企业应当时刻遵守国家法律法规，故意违法行为会被外部监管部门或外部审计机构揭发，这样更有利于外部投资者有效监督管理层的行为，避免资源的滥用（Zhong，2018），以便进一步引起企业的重视，进而加强创新风险的控制管理。

表 5－14　内部控制合规目标对财政补贴的调节效应的回归结果

变量符号	(1) *Inno*	(2) *Subin*	(3) *Strain*	(4) *IE*
Sub	0.9157 (0.4979)	2.8850* (1.8074)	0.9099 (0.8194)	11.0907*** (3.3360)
Sub_Comp	2.7849 (1.3478)	1.5404 (0.8629)	1.3300 (1.0704)	9.1813** (2.3922)
Complia	0.0666 (1.5058)	0.0685* (1.9022)	0.0275 (0.9959)	−0.0233 (−0.4449)
Roa	2.2667*** (7.5709)	1.6467*** (6.7861)	1.8553*** (9.8265)	−1.1685*** (−2.9290)

续表5-14

变量符号	(1) *Inno*	(2) *Subin*	(3) *Strain*	(4) *IE*
TQ	-0.0019 (-0.1400)	0.0341*** (2.9709)	0.0225*** (2.5805)	0.0394* (1.9314)
*Top*1	-0.0030*** (-2.8596)	-0.0046*** (-5.1921)	-0.0014** (-2.1058)	-0.0022* (-1.7686)
Lev	0.3127*** (3.3189)	0.1919** (2.4858)	0.0712 (1.2547)	-0.4917*** (-3.8770)
Age	-0.3891*** (-19.8319)	-0.2900*** (-17.9334)	-0.1844*** (-15.0220)	-0.4825*** (-19.6368)
Size	0.2666*** (13.8288)	0.2812*** (16.8983)	0.1527*** (13.2522)	-0.2127*** (-12.8830)
Soe	0.1947*** (5.3813)	0.2497*** (8.2441)	0.0770*** (3.3883)	0.1496*** (3.7623)
Region	-0.1018*** (-5.2570)	-0.0962*** (-6.0582)	-0.0583*** (-4.9276)	-0.0807*** (-3.5468)
_cons	-4.6522*** (-11.4439)	-5.3506*** (-15.2970)	-2.7086*** (-10.8510)	5.8917*** (16.3408)
Year FE	是	是	是	是
Ind FE	是	是	是	是
N	11558	11558	11558	11558
R^2	0.1774	0.1555	0.1410	0.1634
Adj. R^2	0.1750	0.1530	0.1384	0.1609

注：①“*”“**”“***”分别表示在10%、5%、1%的统计水平上显著；②括号内的数值为检验*T*值。

表5-15中，只有第（1）列和第（2）列显示，税收优惠与内部控制合规目标的交互项（*Tax_Comp*）系数分别在10%和1%的水平上显著为正，表明内部控制的合规目标对税收优惠促进企业专利申请数量和发明专利数量提升有显著正向调节的影响，其他均不显著。企业通过强化创新风险控制，

规避了风险。合规性目标正向影响税收优惠的创新产出的效应，表现在提升了企业专利申请总量以及发明专利数量。内部控制的合规目标强调企业应当时刻遵守国家法律法规，故意违法行为会被外部监管部门（包括税务部门）揭露，并且该类行为将导致不良后果，这将引起企业的重视，进而加强创新风险的控制和管理。

表 5-15 内部控制合规目标对税收优惠的调节效应的回归结果

变量符号	(1) *Inno*	(2) *Subin*	(3) *Strain*	(4) *IE*
Tax	0.3800** (2.2714)	0.2461* (1.8420)	0.1815* (1.8338)	0.3732** (2.3222)
Tax_Comp	0.3401* (1.7569)	0.4307*** (2.7710)	0.1618 (1.4270)	0.1786 (0.9078)
Complia	0.0661* (1.6637)	0.0448 (1.3936)	0.0271 (1.1142)	0.0594 (1.2957)
Roa	2.4438*** (8.0882)	1.7599*** (7.1672)	1.9267*** (10.1075)	-1.4553*** (-3.5046)
TQ	-0.0035 (-0.2592)	0.0343*** (2.9863)	0.0223** (2.5586)	0.0558*** (2.7250)
Top1	-0.0030*** (-2.8686)	-0.0047*** (-5.2465)	-0.0014** (-2.1343)	-0.0028** (-2.2243)
Lev	0.3054*** (3.2523)	0.1746** (2.2666)	0.0638 (1.1276)	-0.6298*** (-4.8332)
Age	-0.3838*** (-19.5842)	-0.2866*** (-17.7305)	-0.1824*** (-14.8503)	-0.4978*** (-19.8250)
Size	0.2673*** (13.8783)	0.2820*** (16.9657)	0.1530*** (13.2874)	-0.2127*** (-12.7529)
Soe	0.1964*** (5.4400)	0.2511*** (8.3066)	0.0777*** (3.4238)	0.1482*** (3.6804)
Region	-0.1019*** (-5.2673)	-0.0962*** (-6.0615)	-0.0582*** (-4.9224)	-0.0750*** (-3.2580)

续表 5－15

变量符号	(1) *Inno*	(2) *Subin*	(3) *Strain*	(4) *IE*
_*cons*	−4.7252 *** (−11.6578)	−5.3682 *** (−15.3899)	−2.7310 *** (−10.9604)	6.1741 *** (17.1938)
Year FE	是	是	是	是
Ind FE	是	是	是	是
N	11558	11558	11558	11558
R^2	0.1803	0.1581	0.1424	0.1438
Adj. R^2	0.1779	0.1556	0.1398	0.1413

注：①“*”“**”“***”分别表示在10%、5%、1%的统计水平上显著；②括号内的数值为检验 *T* 值。

3. 内部控制目标的调节效应的分析与总结

内部控制对财税政策和企业技术创新的调节作用会受到内部控制目标的实现程度的动态影响。内部控制各目标的调节效应的回归结果总结见表5－16。结合前面的实证检验结果，从表5－16可以看出，内部控制战略目标对财政补贴与企业创新产出数量之间的关系具有正向调节作用，对财政补贴与企业创新产出质量之间的关系也具有正向调节作用，但是对财政补贴与企业创新效率之间的关系无影响；经营目标对财政补贴促进创新产出数量和质量的提升均具有正向调节作用，对创新效率无调节作用；报告目标仅对财政补贴促进发明专利申请质量的提升有显著正向调节作用；内部控制合规目标仅对财政补贴促进企业创新效率有显著正向调节作用。

与财政补贴相比，内部控制对税收优惠和企业技术创新的调节作用呈现出不同的特征。内部控制的战略目标对税收优惠促进企业创新产出数量和质量的提升具有正向调节作用，对创新效率具有负向影响；经营目标对税收优惠促进创新产出数量和质量的提升均具有正向调节作用，对创新效率有负向调节作用；报告目标对税收优惠促进企业创新产出数量、质量和效率的提升均有显著正向调节作用；内部控制合规目标对税收优惠促进企业创新产出数量和质量的提升有显著正向调节作用，而对创新效率无影响。

因此，对比来看，在内部控制各目标的动态调节效应下，财政补贴与税收优惠的激励效应呈现出不同的特点。其中，战略目标和经营目标均对创新数量和质量起到了正向调节作用；报告目标仅对财税政策的创新质量有正向调节作用，对财政补贴促进创新数量和效率提升则没有影响；合规目标在两种创新支持政策下甚至呈现出相反的作用。总体来看，内部控制各目标的动态调节效应对税收优惠的作用要大于对财政补贴的作用。

表 5－16 内部控制各目标的调节效应的回归结果总结

项目	创新数量				创新质量				创新效率			
	战略目标	经营目标	报告目标	合规目标	战略目标	经营目标	报告目标	合规目标	战略目标	经营目标	报告目标	合规目标
财政补贴	↑	↑	→	→	↑	↑	↑	→	→	→	→	↑
税收优惠	↑	↑	↑	↑	↑	↑	↑	↑	↓	↓	↑	→

说明：↑代表正向影响；↓代表负向影响；→代表没有影响。

四、本章小结

本书主要研究内部控制对政府财税支持政策的创新激励效应的影响，通过对创新产出数量、质量和效率的分析厘清内部控制的调节差异，并且结合产权性质，研究在国有企业与非国有企业中内部控制整体有效性的差异，以及在不同内部控制目标下动态调节作用的差异。通过实证检验，笔者有以下发现：第一，高水平的内部控制会促进公司的创新产出数量、质量和效率，且企业更多地实现了发明专利申请数量的增长。第二，高水平的内部控制可显著提升财政补贴对企业创新能力的激励效应，体现在促进创新产出效果（数量和质量）和创新效率的提升，且高水平的内部控制的调节效应更多地实现了实质性创新。第三，高水平的内部控制可显著提升税收优惠对企业创新能力的激励效应，体现在促进创新产出效果（数量和质量）和创新效率的提升，但是不会促进税收优惠激励策略性创新。第四，内部控制对财税政策和企业创新能力的调节作用还依赖于所有制性质。高水平的内部控制可显著提升财政补贴对企业创新能力的激励效应，国有企业的内部控制水平对财政补贴在创新活动中促进专利产出效益（创新质量）发挥的作用更强；非国有企业的内部控制水平对财政补贴在创新活动中促进效率（创新效率）发挥的作用更强。无论是从专利申请数量的视角，还是从创新效率的视角出发，考察企业的创新能力，内部控制质量仅对非国有企业的税收优惠在研发活动的效益发挥中具有促进作用。第五，在两种政策的并行实施下，内部控制调节作用的发挥存在不同情境。笔者把创新产出数量、实质性创新产出、策略性创新产出、创新效率四个创新产出维度视作四个情境，则内部控制调节作用的发挥存在不同情境下有不同表现的情况。首先，两种政府支持政策并行实施下，内部控制对政府支持政策与实质性创新产出间的关系具有正向调节作用，对政府支持政策与创新效率间的关系也具有同时正向调节作用。其次，在两种政府支持政策并行实施下，内部控制对财政补贴与策略性创新产出间的关系具有正向调节作用，对财政补贴与创新产出数量间的关系具有同时正向调节作用。最后，内部控制对税收优惠与策略性创新产出间的关系不发挥作用，对税收优惠与创新产出数量间的关系也不发挥作用。第六，在内部控制各目标的动态调节效应下，财政补贴与税收优惠的激励效应呈现出不同的特点。其中，战略目标和经营目标均对创新数量和质量起到正向调节，报告目标仅对财税政策的创新质量有正向调节作用，而对财政补贴的创新数量和创新效率没有影响。合规目标在两种创新支持政策下甚至呈现出相反的作用。总体来看，内部控制各目标的动态调节效应对税收优惠的作用要大于对财政补贴的作用。

第六章　政府支持政策激励技术创新的作用路径研究

尽管学术专家和实务专家都对政府支持政策的创新产出非常关注，但鲜少有研究探讨如何将政府财税资金转化为创新成果。信号传递理论的观点提供了一个有趣的角度来打开这个“黑盒子”。根据信号传递理论的观点，当政府向企业提供财政补贴时，也向其他投资者传递了“优秀研发项目+严格监管”的信号。这种信号可以增加市场投资者对政府评估的信任，从而提高企业的信用度，进而促使企业获得更多的外部认证性融资。通过扩宽企业研发融资渠道，解决企业研发投资面临的融资问题，从而鼓励企业进行更多的研发投入。本章旨在研究政府支持政策对企业技术创新的影响及其可能的路径机制，补充了现有关于财税政策影响企业技术创新的路径机制的研究。这不仅能为企业厘清财税政策如何通过研发投入影响其创新数量和创新效率提供实证参考证据，还能为高质量发展下监管规则体系的完善提供财税政策层面的视角。

研发投资是企业创新的重要来源（Huang et al., 2015；Tse et al., 2021）。苹果（Apple）和华为（Huawei）等公司已将大量的研发经费投入到技术创新中。2020年，华为在研发方面投资约1419亿元人民币，占其年收入的15.9%。然而，创新活动固有的高度不确定性使得企业很难确保研发投资与创新产出之间的积极关系。理论上，一些文献也研究了研发投资对创新的影响（Hall & Bagchi-Sen, 2002；Raymond & St-Pierre, 2010），例如，Hall和Bagchi-Sen（2002）的研究发现，研发强度与产品或工艺相关创新之间的关系不显著。上述发现促使我们思考以下问题：“为什么高水平的研发投资不一定会带来创新”和“研发投资如何促进创新产出”。

一、理论分析与假设提出

（一）财税政策资金与企业研发投入

财政补贴和税收优惠是鼓励企业进行研发活动的主要公共财政支持。本书更多聚焦于研究财政补贴对企业研发投入的影响，旨在揭示这些激励措施是否能够促使企业在创新活动中增加经费支出。

比较有代表性的观点是促进论和抑制论。持促进论的学者认为，财政补贴对研发投入有“挤入”效应，促进了企业的研发投入（Guellec，2004；李婧，2013；廖信林等，2013）。世界各国的政府支持创新的政策均出现了上述效应（Hud & Hussinger，2015；Engel et al.，2016；Hottenrott et al.，2017；Bianchini et al.，2019；Florian，2020）。国内的学者利用中国的数据进行研究，大多发现财政补贴对企业研发投入具有一定的激励效应（白俊红，2011；廖信林等，2013；伍健等，2018；Sun et al.，2020），但该激励效应可能受地区、行业或企业等层面的异质性影响。Guellec 和 Potterie（2004）的研究结果显示，每提供 1 美元的财政补贴，企业会增加 0.7 美元的研发支出。这表明政府的直接资助有助于企业技术创新支出的增长。企业获得政府的财政补贴可以降低其研发活动的成本和风险，缩短研发活动的私人收益和社会收益之间的差距，通常可以弥补企业研发投资正向外部性导致的私人效益损失，有效激励企业增加创新投入（唐清泉等，2008）。邹洋等（2016）认为，政府直接提供补贴的初衷是充分发挥附加效应，期望通过提供有限的财政补贴来引导企业增加研发支出。对企业而言，政府提供补贴的直接好处是降低了企业的研发成本和风险，提高了企业研发活动的回报率；而政府提供补贴的间接好处是财政补贴带来的有形的和无形的社会效益，因为获得财政补贴的项目通常被认为是合法的、高质量的，从而使企业更容易获得银行贷款和社会资金支持。企业可以充分利用财政补贴的放大效应，配备必要的研发人力和物质资源，创造专利等创新成果。一旦专利成果能够满足市场需求，研发企业就能获得高额利润回报，这就进一步促使企业增加研发支出，以便持续性开展研发活动，创造更多的创新成果。

大量研究已经证实了上述逻辑关系的存在。在企业普遍面临融资约束窘境的现实背景下，财政补贴对企业研发投入的激励效应是否发挥作用取决于外部融资激励机制。财政补贴能够释放基于政府信用的技术认证和监管认证的双重信用认证信号，让市场投资者更容易信任企业，进而提供更多的外部融资，这样一来，企业就可以通过拓宽研发融资来源，解决面临的融资问题，从而激励企业增加研发投入（王刚刚等，2017）。Sun 等（2021）通过研究发现，税收优惠政策可以减轻高科技企业的税收负担，从而有利于企业增加创新投入。Chiappini 等（2022）认为，获得创新补贴显著地改善了受补贴者获得银行融资的机会。Santoleri 等（2020）通过研究发现，财政补贴使企业获得后续股权融资的可能性更高，会促进研发投资的投入，进而增加专利创新的产出。

持抑制论的代表学者经过研究发现，财政补贴会对企业的研发投资产生挤出效应，即财政补贴会挤出企业的私人研发投入和自主创新投资。相较于企业通过各种外部融资方式筹资而言，政府提供的财政补贴过程简单、快捷、成本较低，这导致企业将原本需要自我筹资的研发投入转向依赖财政补贴，从而产生了挤出效应。尽管财政补贴与企业总体研发投资呈正相关，但随着政府创新补助的增加，企业的自主创新投入会减少。也就是说，政府创新补贴并未有效激励企业自主投资创新。研究者认为，企业的行业属性、内部控制水平及外部环境等因素将显著影响政府创新补贴的激励效应（李万福等，2017）。根据中国上市公司的数据可知，财政补贴在同期对企业的研发投资产生了挤出效应，但在随后的时期则表现为中性（Boeing，2016）。

本书认为，基于市场失灵理论，政府可以通过自身的政治管理优势来重新配置市场失灵情况下的资源，以弥补因企业创新成果外溢导致的部分损失。政府财税支持资金可以作为一笔可观的收入，使企业拥有更多的资金用于研发创新，从而拥有更多的试错机会。此外，获得财政补贴或税收优惠的企业会释放出“优秀研发项目＋严格监管”的信号，表明企业的经营状况良好，从而吸引外部投资者进行投资，缓解企业的融资压力，并及时为企业提供创新支持。基于上述分析，本书提出了假设

H6－1a、假设 H6－1b。

假设 H6－1a：财政补贴能够显著促进企业研发投入。

假设 H6－1b：税收优惠能够显著促进企业研发投入。

（二）财政补贴、研发投入与创新产出

企业的研发投资不仅可以为企业创新研发部门提供把握新技术的机遇和掌握新技术相关专业知识的机会，还可以表明企业的创新动机和资源承诺，促进其创新发展（Huang et al.，2015）。尽管已有文献中强调了研发投入在促进创新方面的重要性（Grimpe et al.，2017），但有学者从多个角度进行研究，认为研发投资与企业创新之间的关系存在不确定性（Greco et al.，2017）。根据对美国制造业数据的分析，有学者发现研发投入对企业的创新产出绩效有显著的正向作用（Los & Verspagen，2000）。企业对新知识的吸收和应用能力会因获得大量的研发投入而得到增强，从而提高企业的创新绩效和核心竞争力（Tödtling et al.，2009）。对英国制造业企业的实证分析表明，企业的研发投入对其创新绩效具有正向影响（Tomlinson，2010）。洪俊杰和石丽静（2017）的研究显示，自主研发与企业创新绩效呈显著正相关，企业所在地区的开放程度越高、知识产权保护得越好、市场化程度越高，自主研发活动对企业创新产出的促进作用越强。张洁（2018）基于创业板355家企业样本的数据，采用泊松回归方法进行研究，发现研发投入与创新产出之间呈现出倒“U”型关系。

Tse 等（2021）通过研究发现，研发投资对新产品销售有积极影响。然而，Hall 和 Bagchi-Sen（2002）通过研究发现，研发强度与产品或工艺相关创新之间没有显著关系。Raymond 和 St-Pierre（2010）的研究表明，基于工艺研发和产品研发之间的差异以及对重点部门的技术强度的分析，研发投资与创新成果之间的联系可能不显著。鉴于研发投资在促进创新方面的潜力以及相应的预期，学术界有必要揭示研发投入对实现企业技术创新增强这一结果的形成路径。

财政补贴虽然面向整个市场，但只有那些具备竞争优势并符合国家

产业政策的企业才能获得。然而，由于存在外部性和信息不对称，政府难以完全监管企业是否将财政补贴用于研发活动，也难以对企业技术演进和研发情况进行全面的预测（黎文靖、郑曼妮，2016）。因此，本书认为，财政补贴对企业创新绩效的影响是间接的，需要通过研发投入这一中介变量来实现。基于上述分析，本书提出了假设 H6－2、假设 H6－2a、假设 H6－2b。

假设 H6－2：财税政策资金对企业创新产出的影响是通过对研发投入的促进来实现的，因此，研发投入在财税政策资金与企业创新产出之间发挥着显著的中介作用。

假设 H6－2a：财政补贴对企业创新产出的影响是通过对研发投入的促进来实现的，因此，研发投入在财政补贴与企业创新产出之间发挥着显著的中介作用。

假设 H6－2b：税收优惠对企业创新产出的影响是通过对研发投入的促进来实现的，因此，研发投入在税收优惠与企业创新产出之间发挥着显著的中介作用。

内部控制在政府支持政策激励创新中的作用路径见图 6－1。

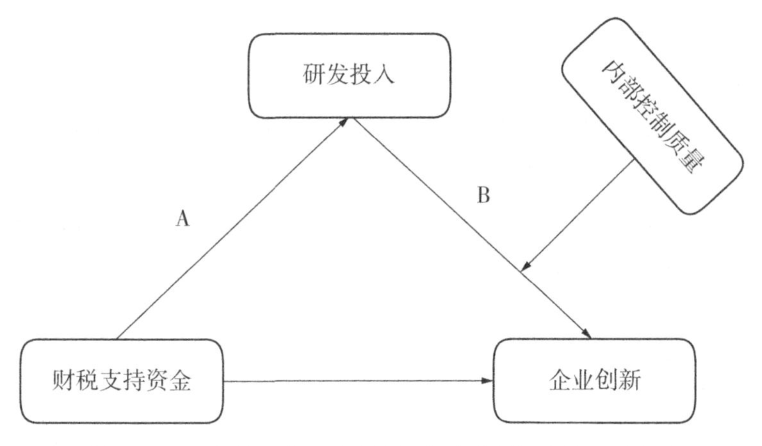

图 6－1　内部控制在政府支持政策激励创新中的作用路径

（三）企业内部控制的调节作用

企业内部控制质量反映了企业的治理能力。内部控制水平的高低决定了企业研发投入的项目论证和研发流程监管能力的强弱。基于系统理论，有效的内部控制可以通过监管和制衡机制降低企业在创新投入方面的风险，从而提高企业在创新产出方面的表现。良好的内部环境可以明确各部门和岗位间的职责权限：研发部门进行产品的研发改进，财务部门保障资金的充足稳定，生产部门配合生产并及时反馈信息，管理部门做好资源分配和部门间的协调沟通，所有员工各尽其责，使创新活动有序开展、顺利进行。从降低研发风险的角度看，我国的内部控制基本规范中，明确将促进企业实现发展战略定为内部控制的目标之一。把风险管理与战略目标相结合，企业可将风险承受度控制在合理的区间内。良好的信息沟通可以使信息在企业内部得到及时的传递和反馈，促进信息在企业内部的传递和交换，使企业内部能及时了解到创新活动的有关信息，既有利于各部门之间及时交换信息、协调工作安排，避免部门之间的冲突，也有利于管理层合理分配资源，为创新活动的顺利进行提供保证。高水平的内部控制意味着企业能够通过内部环境、业务和流程层面等多种控制措施，保证企业控制目标的实现，即控制事项和行为不偏离内部控制目标，降低企业的创新投入风险，提升企业的创新产出数量和质量。基于以上分析，本书提出了假设 H6 - 3、假设 H6 - 3a、假设 H6 - 3b。

假设 H6 - 3：内部控制能够调节“政府支持资金—研发投入—企业创新”这一影响路径。

假设 H6 - 3a：内部控制能够调节“财政补贴—研发投入—企业创新”这一影响路径。

假设 H6 - 3b：内部控制能够调节“税收优惠—研发投入—企业创新”这一影响路径。

二、研究设计

（一）样本选择与数据来源

我国发布的《企业内部控制基本规范》和《企业内部控制配套指引》于2012年开始在主板上市公司实施。因此，本书以2012—2019年沪深A股上市公司作为研究样本，并对初始数据进行了如下筛选：①剔除了ST及*ST的上市公司和金融类上市公司；②剔除了相关数据披露不全及数据缺失的公司。最终共得到了11558个观测样本。其中，内部控制水平数据来自深圳迪博公司的“中国上市公司内部控制指数”数据库，财政补贴数据来源于万德数据库，其他变量数据来自国泰安数据库。为了减少极端值的影响，本书对连续变量进行了1%和99%的缩尾处理。

（二）变量定义

将研发投入（*RD*）作为中介变量，用企业研发费用与营业收入的比值表示。该比值越高，表明企业用于研发投入的力度越强。其他变量及定义见第四章。

（三）研究模型

首先构建了基准回归模型，见式（6－1）至式（6－3），验证假设H6－1和假设H6－2。

$$Inno_{i,t} = \beta_0 + \beta_1 Sub_{i,t}(Tax_{i,t}) + \beta_2 \sum Controls_{i,t} + \sum Year + \sum Ind + \varepsilon_{i,t} \tag{6-1}$$

$$RD_{i,t} = \alpha_0 + \alpha_1 Sub_{i,t}(Tax_{i,t}) + \alpha_2 \sum Controls_{i,t} + \sum Year + \sum Ind + \varepsilon_{i,t} \tag{6-2}$$

$$Inno_{i,t+1} = \theta_0 + \theta_1 Sub_{i,t}(Tax_{i,t}) + \theta_2 RD_{i,t} + \theta_3 \sum Control_{i,t} + \sum Year + \sum Ind + \varepsilon_{i,t} \tag{6-3}$$

Baron和Kenny（1986）认为，如果式（6－1）中的系数估计值β_1不

显著，即总效应都不存在，就没有中介变量可以去检验了；如果式（6-1）中的系数估计值β_1显著，但式（6-2）中的系数估计值α_1不显著，也无法继续进行中介效应分析，因为从 *Sub* 到 *RD* 再到 *Inno* 的路径无法成立；只有当式（6-1）、式（6-2）、式（6-3）中的系数估计值β_1、α_1、θ_2均显著，且式（6-3）中的系数估计值θ_1不显著（如果θ_1显著，其数值也要小于θ_2），才能表明存在 *RD* 的中介效应。其中，θ_1不显著，表明存在完全的中介效应（full mediation），即 *Sub* 对 *Inno* 的影响完全来自中介变量 *RD*；θ_1显著，但数值小于θ_2，表明存在部分的中介效应（partial mediation），即 *Sub* 对 *Inno* 有直接影响的同时，还可以通过中介变量 *RD* 来间接影响 *Inno*。

Hayes（2013）和 Preacher 等（2007）在相关研究中详述了调节中介效应的理论背景和框架及方法，在此基础上，构建了有调节的中介路径检验模型，见式（6-4）至式（6-7），验证假设 H6-3。

$$Inno_{i,t+1} = c_0 + c_1 Sub_{i,t}(Tax_{i,t}) + c_2 IC_{i,t} + c_3 IC_{i,t} \times Sub_{i,t}(Tax_{i,t}) + \sum Control_{i,t} + \varepsilon_4 \quad (6-4)$$

$$RD_{i,t} = a_0 + a_1 Sub_{i,t}(Tax_{i,t}) + a_2 IC_{i,t} + a_3 IC_{i,t} \times Sub_{i,t}(Tax_{i,t}) + \sum Control_{i,t} + \varepsilon_5 \quad (6-5)$$

$$Inno_{i,t+1} = c'_0 + c'_1 Sub_{i,t}(Tax_{i,t}) + c'_2 IC_{i,t} + b_1 RD_{i,t} + b_2 IC_{i,t} \times RD_{i,t} + \sum Control_{i,t} + \varepsilon_6 \quad (6-6)$$

$$Inno_{i,t+1} = c'_0 + c'_1 Sub_{i,t}(Tax_{i,t}) + c'_2 IC_{i,t} + c'_3 IC_{i,t} \times Sub_{i,t}(Tax_{i,t}) + b_1 RD_{i,t} + b_2 IC_{i,t} \times RD_{i,t} + \sum Control_{i,t} + \varepsilon_7 \quad (6-7)$$

式中，*IC* 表示调节变量。根据 Hayes（2013）和 Preacher 等（2007）研究的有调节的中介效应检验方法，首先进行研发投入（*RD*）对企业创新产出数量（*Inno*）的直接效应检验。若式（6-4）中调节变量内部控制质量（*IC*）与 *Sub* 的交互项系数 c_3 显著，则主效应会受到调节。接着，进一步检验模型式（6-5），主要关注财政补贴（*Sub*）系数 a_1 和交互项系数 a_3 的显著性。若式（6-4）的主效应受到调节，则检验式（6-7），否则检验式（6-6），并观察 b_1、b_2 的显著性。若 a_1 和 b_2 均显著，则调节变量作用于中介路径的后半路径；若 a_3 和 b_1 均显著，则调节变量作用于中介路径的前半路径；若 a_3 和 b_2 均显著，则调节变量在中介路径的前后路径中均发挥作用。

三、实证分析结果

（一）财政补贴、研发投入与创新产出

为了检验假设 H6－1a、假设 H6－2a、假设 H6－3a，本书研究了研发投入在财政补贴影响企业创新产出中发挥的作用，并对式（6－1）至式（6－3）表示的模型进行了多元回归分析，具体结果见表6－1。模型均对年度效应和行业效应进行了控制。

表6－1考察了财政补贴（*Sub*）能否通过促进企业加大研发投入（*RD*）提升创新产出数量（*Inno*）。在表6－1中，第（1）列至第（3）列分别是式（6－1）至式（6－3）表示的模型的回归结果。第（1）列的结果显示，在 *Sub* 对 *Inno* 的回归中，*Sub* 的系数估计值为3.1975，在1%的水平上显著为正，表明财政补贴会提升企业创新产出。第（2）列结果显示，在 *Sub* 对 *RD* 的回归中，*Sub* 的系数估计值为69.6325，在1%的水平上显著为正，表明财政补贴会提升企业研发投入，则假设 H6－1a 成立。第（3）列结果显示，在 *RD* 对 *Inno* 的回归中，*RD* 的系数估计值为0.0830，在1%的水平上显著为正；*Sub* 的系数估计值为－2.5829，在1%的水平上显著为负，初步表明研发投入具有中介效应。借鉴江艇（2022）的研究，本书进一步进行 Sobel 检验。Sobel 检验显示，*Z* 统计量为18.24，*P* 值为0，在1%的水平上显著，表明财政补贴能够促进企业的研发投入水平，从而提高企业的创新产出。除了直接促进企业创新，财政补贴还可以通过增加企业的研发投入水平来促进企业创新，这种影响呈现为部分中介效应。假设 H6－2a 成立。

表6－1　财政补贴作用下研发投入的中介效应的回归结果

变量符号	(1) *Inno*	(2) *RD*	(3) *Inno*
Sub	3.1975***	69.6325***	－2.5829***
	(3.5210)	(21.2201)	(－2.7296)

续表 6－1

变量符号	(1) *Inno*	(2) *RD*	(3) *Inno*
Roa	2.3331*** (7.8133)	−8.3957*** (−9.3232)	3.0300*** (10.1115)
TQ	−0.0022 (−0.1631)	0.5251*** (12.0651)	−0.0458*** (−3.3791)
*Top*1	−0.0029*** (−2.7598)	−0.0188*** (−9.0812)	−0.0014 (−1.3065)
Lev	0.3020*** (3.2022)	−3.8625*** (−16.7538)	0.6226*** (6.5878)
Age	−0.3922*** (−20.0438)	−0.4962*** (−11.5545)	−0.3510*** (−18.1835)
Size	0.2680*** (13.8931)	0.1882*** (5.6811)	0.2524*** (13.3024)
Soe	0.2025*** (5.6098)	−0.1467* (−1.8966)	0.2147*** (6.0552)
Region	−0.1036*** (−5.3529)	−0.2803*** (−6.9764)	−0.0803*** (−4.1932)
RD	—	—	0.0830*** (18.1255)
_cons	−4.6264*** (−11.4183)	−0.7889 (−1.0882)	−4.5609*** (−11.4294)
Year FE	是	是	是
Ind FE	是	是	是
N	11558	11558	11558
R^2	0.1768	0.4153	0.2018
Adj. R^2	0.1745	0.4137	0.1995

注：①“*”“**”“***”分别表示在10%、5%、1%的统计水平上显著；②括号内的数值为检验 *T* 值。

（二）内部控制对财政补贴的中介路径的影响

本书进一步研究内部控制对研发投入的中介效应的影响。表6-2显示了内部控制对“财政补贴—研发投入—企业创新产出”路径的影响的回归结果。首先检验内部控制对财政补贴影响企业创新产出的直接效应，如表6-2第（1）列所示。财政补贴与内部控制质量的交互项（*Sub_IC*）系数为1.5274，并且在1%的水平上显著，表明内部控制对直接效应起调节作用。分别检验式（6-5）和式（6-7）表示的模型，结果见表6-2第（2）列和第（4）列。表6-2第（2）列中，财政补贴（*Sub*）的系数为44.2026，且在1%的水平上显著；第（4）列中，内部控制质量与研发投入的交互项（*RD_IC*）系数为0.0106，且在1%的水平上显著，表明调节变量内部控制质量（*IC*）是对中介路径的后半路径（即研发投入—创新产出）起到了调节作用。但是，表6-2第（4）列中研发投入（*RD*）的系数为0.0163，并不显著。表6-2第（4）列中，财政补贴与内部控制质量交互项（*Sub_IC*）的系数估计值为0.4264，也不显著。上述研究结论显示，财政补贴通过促进研发投入提升了企业创新产出数量，这一影响路径受到了内部控制质量的后半路径调节，假设H6-3a得到了验证。因此，提高企业风险管控水平可以进一步强化财政补贴对企业创新的促进作用。

表6-2　有调节的中介效应的实证分析结果

变量符号	(1) *Inno*	(2) *RD*	(3) *Inno*	(4) *Inno*
Sub	-6.2214** (-2.2195)	44.2026*** (2.8871)	-2.5610*** (-2.7138)	-5.2065* (-1.7032)
Sub_IC	1.5274*** (3.3816)	4.1073* (1.7271)	—	0.4264 (0.8607)
IC	0.0211 (1.6318)	0.0172 (0.5890)	-0.0019 (-0.1431)	-0.0048 (-0.3512)
Roa	1.9609*** (6.2522)	-9.0561*** (-9.8795)	2.5801*** (8.2165)	2.5768*** (8.2047)

续表6-2

变量符号	(1) *Inno*	(2) *RD*	(3) *Inno*	(4) *Inno*
TQ	0.0023 (0.1685)	0.5341*** (12.3477)	-0.0394*** (-2.9082)	-0.0391*** (-2.8884)
Top1	-0.0029*** (-2.7628)	-0.0188*** (-9.0750)	-0.0013 (-1.2544)	-0.0013 (-1.2560)
Lev	0.3206*** (3.4039)	-3.8295*** (-16.6048)	0.6205*** (6.5782)	0.6215*** (6.5895)
Age	-0.3874*** (-19.7519)	-0.4876*** (-11.3284)	-0.3456*** (-17.8954)	-0.3456*** (-17.8937)
Size	0.2637*** (13.6653)	0.1828*** (5.4742)	0.2512*** (13.2369)	0.2514*** (13.2435)
Soe	0.1975*** (5.4706)	-0.1572** (-2.0388)	0.2068*** (5.8385)	0.2065*** (5.8304)
Region	-0.0987*** (-5.0978)	-0.2722*** (-6.7686)	-0.0776*** (-4.0495)	-0.0776*** (-4.0468)
RD	—	—	0.0126 (1.0018)	0.0163 (1.2437)
RD_IC	—	—	0.0112*** (5.5830)	0.0106*** (5.0129)
_cons	-4.6932*** (-11.5099)	-0.8280 (-1.1243)	-4.5528*** (-11.3426)	-4.5389*** (-11.3049)
Year FE	是	是	是	是
Ind FE	是	是	是	是
N	11558	11558	11558	11558
R^2	0.1781	0.4162	0.2037	0.2038
Adj. R^2	0.1757	0.4145	0.2013	0.2013

注：①“*”“**”“***”分别表示在10%、5%、1%的统计水平上显著；②括号内的数值为检验*T*值。

（三）税收优惠、研发投入与创新产出

为了检验假设 H6－1b、假设 H6－2b、假设 H6－3b，本书对式（6－1）至式（6－3）表示的模型进行了多元回归分析，具体结果见表 6－3，模型均对年度效应和行业效应进行了控制。

表 6－3 考察了税收优惠（*Tax*）能否通过促进企业加大研发投入（*RD*）提升创新产出数量（*Inno*）。表 6－3 第（1）列至第（3）列分别对应式（6－1）至式（6－3）表示的模型的回归结果。表 6－3 第（1）列的结果显示，在税收优惠（*Tax*）与创新产出数量（*Inno*）的回归中，税收优惠（*Tax*）的系数估计值为 0.6401，在 1% 的水平上显著为正，表明税收优惠会提升企业创新产出。表 6－3 第（2）列结果显示，在税收优惠（*Tax*）对研发投入（*RD*）的回归中，税收优惠（*Tax*）的系数估计值为 2.2671，在 1% 的水平上显著为正，表明税收优惠（*Tax*）会提升企业研发投入，假设 H6－1b 成立。表 6－3 第（3）列结果显示，在研发投入（*RD*）对创新产出数量（*Inno*）的回归中，*RD* 的系数估计值为 0.0766，在 1% 的水平上显著为正，表明研发投入会提升企业创新产出。在加入中介变量后，税收优惠（*Tax*）的系数仍显著为正，但与第（1）列相比，系数略有下降，初步表明研发投入具有中介效应。借鉴江艇（2022）的研究，本书进一步进行了 Sobel 检验，Sobel 检验显示，*Z* 统计量为 11.93，*P* 值为 0，在 1% 的水平上显著，表明税收优惠能够提升企业的研发投入水平，进而提升企业创新产出。假设 H6－2b 成立。

表 6－3　税收优惠作用下研发投入的中介效应的回归结果

变量符号	（1） *Inno*	（2） *RD*	（3） *Inno*
Tax	0.6401*** （7.1118）	2.2671*** （10.4621）	0.4664*** （5.2906）
Roa	2.5279*** （8.4085）	－9.3458*** （－9.9162）	3.2439*** （10.7578）

续表 6 -3

变量符号	(1) *Inno*	(2) *RD*	(3) *Inno*
TQ	-0.0041 (-0.3038)	0.5835*** (13.0902)	-0.0488*** (-3.6162)
*Top*1	-0.0029*** (-2.7441)	-0.0208*** (-9.4693)	-0.0013 (-1.2581)
Lev	0.2954*** (3.1435)	-4.3641*** (-18.1074)	0.6298*** (6.6705)
Age	-0.3865*** (-19.7581)	-0.5426*** (-12.0272)	-0.3449*** (-17.8238)
Size	0.2678*** (13.9098)	0.1853*** (5.3778)	0.2536*** (13.3789)
Soe	0.2046*** (5.6808)	-0.1490* (-1.8342)	0.2160*** (6.0950)
Region	-0.1037*** (-5.3640)	-0.2633*** (-6.3086)	-0.0836*** (-4.3624)
RD	—	—	0.0766*** (17.6150)
_cons	-4.6802*** (-11.5669)	0.5341 (0.7268)	-4.7211*** (-11.8410)
Year FE	是	是	是
Ind FE	是	是	是
N	11558	11558	11558
R^2	0.1796	0.3517	0.2032
Adj. R^2	0.1773	0.3499	0.2009

注：①“*”“**”“***”分别表示在10%、5%、1%的统计水平上显著；②括号内的数值为检验 *T* 值。

（四）内部控制对税收优惠的中介路径的影响

表6-4显示了内部控制对“税收优惠—研发投入—企业创新产出”路径的影响的回归结果。首先检验内部控制对税收优惠影响企业创新产出的直接效应，见表6-4第（1）列。表6-4第（1）列中，税收优惠与内部控制质量的交互项（*Tax_IC*）系数估计值为0.0804，并且在10%的水平上显著，表明内部控制对税收优惠的直接效应起调节作用。分别检验式（6-5）和式（6-7）表示的模型，结果见第（2）列和第（4）列。表6-4第（2）列中，税收优惠（*Tax*）的系数估计值为-1.1685，并不显著。表6-4第（4）列中，内部控制质量与研发投入的交互项（*RD_IC*）系数估计值为0.0107，且在1%的水平上显著，表明内部控制质量（*IC*）调节中介路径的后半路径（即研发投入与创新产出之间的关系）；但是，研发投入（*RD*）的系数估计值为0.0091，并不显著。表6-4第（4）列中的税收优惠与内部控制质量的交互项（*Tax_IC*）系数估计值为0.0091，也不显著。上述研究结论表明，税收优惠（*Tax*）通过促进研发投入提升了企业创新产出，这一影响路径受到了内部控制治理水平的后半路径调节，假设H6-3b得到了验证。因此，提高企业的风险管控水平可以进一步强化税收优惠对企业创新的促进作用。

表6-4　有调节的中介效应的实证分析结果

变量符号	（1） *Inno*	（2） *RD*	（3） *Inno*	（4） *Inno*
Tax	0.1785 （0.6653）	-1.1685 （-1.4716）	0.4667*** （5.3063）	0.4139 （1.5646）
Tax_IC	0.0804* （1.8095）	0.5899*** （4.5786）	—	0.0091 （0.2065）
IC	0.0303** （2.5081）	-0.0274 （-1.0264）	0.0025 （0.1932）	0.0017 （0.1252）
Roa	2.1255*** （6.6462）	-10.1520*** （-10.4803）	2.7728*** （8.7734）	2.7660*** （8.6614）

续表 6-4

变量符号	(1) *Inno*	(2) *RD*	(3) *Inno*	(4) *Inno*
TQ	-0.0001 (-0.0098)	0.5924*** (13.3035)	-0.0423*** (-3.1311)	-0.0422*** (-3.1212)
*Top*1	-0.0029*** (-2.7140)	-0.0205*** (-9.2979)	-0.0013 (-1.2103)	-0.0013 (-1.2055)
Lev	0.3105*** (3.3008)	-4.3581*** (-18.0726)	0.6294*** (6.6791)	0.6292*** (6.6739)
Age	-0.3822*** (-19.5051)	-0.5386*** (-11.9357)	-0.3392*** (-17.5265)	-0.3393*** (-17.5253)
Size	0.2632*** (13.6476)	0.1888*** (5.4274)	0.2518*** (13.2801)	0.2520*** (13.2685)
Soe	0.2015*** (5.5971)	-0.1516* (-1.8695)	0.2081*** (5.8770)	0.2081*** (5.8781)
Region	-0.0994*** (-5.1348)	-0.2629*** (-6.2929)	-0.0804*** (-4.1954)	-0.0805*** (-4.1981)
RD	—	—	0.0087 (0.6913)	0.0091 (0.7137)
RD_IC	—	—	0.0108*** (5.3369)	0.0107*** (5.2688)
_cons	-4.7932*** (-11.7833)	0.6157 (0.8370)	-4.7285*** (-11.7958)	-4.7256*** (-11.7942)
Year FE	是	是	是	是
Ind FE	是	是	是	是
N	11558	11558	11558	11558
R^2	0.1806	0.3535	0.2052	0.2052
Adj. R^2	0.1782	0.3515	0.2028	0.2027

注：①“*”“**”“***”分别表示在10%、5%、1%的统计水平上显著；②括号内的数值为检验 *T* 值。

四、本章小结

本章结合市场失灵理论和信号传递理论，进一步研究了政府创新支持资金的技术创新效应及作用机制。本书以 2012—2019 年沪深 A 股上市公司为研究样本，分析了财政补贴和税收优惠在发挥创新激励作用中内部研发投入的中介作用，以及内部控制在作用渠道上的调节机制。

首先，上述研究结论表明，财政补贴和税收优惠对企业创新产出既有显著的直接影响，又有显著的间接影响。企业研发投入在政府创新资金支持与企业创新产出的关系中发挥了部分的中介作用。财政补贴和税收优惠不仅直接促进了专利产出数量的增加，而且通过影响企业的研发投入间接地提升了专利产出的质量。

其次，本书进一步研究了内部控制对“政府创新支持资金—研发投入—企业创新产出”路径的影响。研究结论表明，政府创新支持资金通过促进研发投入提升了企业创新产出，这一路径受到了内部控制治理水平调节的影响，表现在内部控制增强了研发投入与创新产出的正向关系。因此，在政府创新支持资金的投放促使企业技术创新效应发挥这一过程中，提高了企业风险管控水平，表明加强内部控制可以进一步强化研发投入对企业创新产出的促进作用。对于开展创新项目的企业来说，高质量的内部控制能够对研发过程进行有效的监督和风险把控，进而产生较多的创新产出。

第七章　战略性新兴产业中财政补贴与企业创新的关系分析

近年来，我国高度重视科技创新，相继实施了《中国制造2025》行动纲领和创新驱动发展战略等。其中，电子信息产业作为战略性新兴产业，其自主创新能力越来越受到重视。本章将以电子信息产业上市公司为行业样本，探讨财政补贴对企业创新的非线性影响。

一、电子信息产业上市公司特征

电子信息产业主要包括计算机、通信和其他电子设备的生产制造、软件开发和服务等方面，该产业是基础性、先导性产业，其发展可以带动其他产业的发展，是我国国民经济的支柱性产业，对提升经济实力起着关键作用。如今，我国的电子信息产业已经取得了较大进步，我国已成为全球最大的电子信息产品制造中心，但是，与技术领先的其他国家相比，我国的电子信息技术的创新能力仍然较弱，还有很大的提升空间。例如，从“中兴事件”和“华为事件”中，可以看到我国的技术短板，芯片制造等核心技术还受制于人，这限制了企业的发展。

为促进电子信息产业的创新和发展，实现技术创新，国家采取了一系列的政策措施。2009年，国家出台了《电子信息产业调整和振兴规划》，增加资金投入，国家新增投资向电子信息产业倾斜，支持自主创新。2011年，国家开始大力发展战略性新兴产业，电子信息产业作为其中的主导性产业，得到了国家政策的支持，有了较快的发展。2015年，国家明确指出电子信息产业是《中国制造2025》的重点发展领域。电子信息产业的快速发展离不开各类政策的扶持，政府对企业的补贴就是其中一项重要的措施。资料显示，2019 年我国对 A 股上市公司的财政补贴达到了 1876. 96 亿元。[①] 其中，以新能源为主的汽车制造公司和电子信息类公司分别以 128. 68 亿元和 98. 56 亿元超越了 2018 年财政补贴最多的化工业，位列前三甲。[②] 可见，电子信息产业是财政补贴的重点行业。

二、研究假设的提出

由第四章的理论假设可知，财政补贴可以降低企业的创新成本和风险，在一定程度上促进企业创新。一方面，财政补贴可以增加企业的总利润，为企业创新提供资金支持，并且当企业获得财政补贴时，可以向外界释放正向信号，增加企业的未来市场需求，同时吸引更多的外部投资，从而通过缓解融资约束，促进企业创新（郑玉，2020）。另一方面，由于财政补贴可以促进企业创新，企业对创新资源的需求增加，从而导致创新成本增加，企业的预期回报率减少，抑制了企业创新的积极性。电子信息产业作为高新技术产业，更是如此。企业为获得高额补贴，还可能会积极与政府官员建立寻租关系，这个过程会产生寻租成本，这一定程度上会挤占原本用于创新研发的资金，抑制企业创新；当企业通过寻租获得的高额补贴超过其创新研发活动带来的收益时，企业进行创新研发的动力会被大大削弱（毛其淋、许家云，2015）。许多学者研究发现，财政补贴对企业创新行为的促进作用正在减弱甚至出现抑制作用，并且存在一个最佳的补贴区间。电子信息产业一般获得的财政补贴额较高，财政补贴对企业创新的影响并非线性的，只有财政补贴在最佳区间内时，才可以有效地促进企业创新。因此，本书提出了假设 H7 －1、假设 H7 －2。

---

① 参见《A 股全年政府补助达 1876. 96 亿元，汽车、石油是最获支持行业》，牛牛金融研究百度百家号，2020 年 5 月 16 日，见 https：//baijiahao. baidu. com/s? id = 1666812356102156036&wfr = spider&for = pc。

② 参见《2019 年 A 股民企政府补助“亿元俱乐部”，都有哪些企业上榜?》，极客网，2020 年 5 月 5 日，见 https://www. fromgeek. com/vendor/312657. html。

假设 H7－1：财政补贴对电子信息产业上市公司创新的影响是非线性的。

假设 H7－2：适度的财政补贴可以促进电子信息产业上市公司创新，即存在“适度区间”。

王一卉（2013）的研究认为，由于地区的开放程度不同，不同地区的创新效率会出现差异。周京奎、王文波（2020）的研究发现，财政补贴对东部企业存在正向影响，但与中西部企业的创新存在倒“U”型关系。由于我国东部和中西部地区的地理环境、创新资源及开放程度有较大差异，与中西部地区相比，东部地区的经济较为发达，东部地区的企业有较强的市场竞争力，开发程度更高，也拥有更多的人才资源，具备较为明显的优势。因此，本书提出了假设 H7－3。

假设 H7－3：财政补贴对电子信息产业上市公司处于东部地区时的影响与处于中西部地区时的影响有所差异，即存在财政补贴对企业创新影响的地区性差异。

三、实证设计

（一）样本选取与数据来源

本书选取了 2011—2019 年我国沪深两市 A 股电子信息产业上市公司的数据作为样本进行实证研究，以证监会 2012 年版行业分类中的制造业分类下的计算机、通信和其他电子设备制造业公司作为公司选取标准。考虑到样本各项指标的准确性和持续性，借鉴李晓钟和徐怡（2019）的研究思路，对数据进行了如下处理：第一，剔除 ST 及*ST 等异常公司；第二，选取 2011—2019 年连续经营 9 年的公司，剔除 2011 年及以后上市的公司；第三，剔除主要变量缺失较多的公司，为减轻异常值的影响，对极端值进行了 1% 水平的缩尾处理。最终选取了 124 家电子信息产业上市公司，共1116个研究样本。本书样本所需的财政补贴、研发投入、资产负债率等数据来源于国泰安数据库，部分缺失数据通过翻阅上市公司的年报收集。

（二）变量定义

1. 被解释变量：研发投入

本书采用研发投入（*RD*）强度表示企业的创新程度。现有的研究中，用来衡量企业创新能力的指标主要有企业新产品产值占比、企业研发投入、申报专利数的对数等。考虑到数据的可获取性，本书借鉴路春城等学者的做法，使用企业研发投入的强度（即企业研发投入金额占当期主营业务收入的比重）来衡量企业创新能力，以此消除企业规模对研发投入金额的影响。

2. 解释变量：财政补贴

本书选取财政补贴（*Sub*）强度来衡量企业获得的财政补贴水平，即财政补贴占当期主营业务收入的比重。目前，在已有的研究中，一些学者采用企业年报中的“政府补助”这一项目作为解释变量。由于政府对不同规模的企业给予的补贴金额存在一定的差异，因此本书借鉴郑玉（2020）等学者的做法，选取政府补助与当期主营业务收入之比进行研究。

3. 控制变量

（1）企业规模（*Size*）。企业规模是影响企业创新的重要因素。池仁勇等（2021）的研究表明，企业规模越大，越具有更多的创新优势，投入研发的意愿也越高，从而提高了企业的创新绩效。但孙早等（2016）学者发现，战略性新兴产业的企业规模与企业创新之间存在着“∽”形三次曲线关系，所以将企业规模作为控制变量。本书借鉴易靖韬等（2015）学者的做法，以企业期末总资产的对数表示企业规模。

（2）利润率（*Pro*）。企业创新需要大量的资金投入，通常企业经营绩效越好，用于研发的资金越多。用利润率衡量企业的盈利能力，利润率越高，表明盈利能力越强。因此，本书认为利润率会对企业创新产生影响，选取利润率作为控制变量，用营业利润与主营业务收入之比表示。

（3）财务杠杆（*Lev*）。企业偿债能力会对企业创新产生一定的影响。

资产负债率是衡量企业偿债能力的重要指标，通常资产负债率越低，企业的融资约束越小。胡宗义、冯婷（2018）通过研究发现，企业研发投入随资产负债率的增加呈现出“U”型趋势。因此，参考大多数学者的研究，将资产负债率（即企业负债总额与资产总额之比）作为控制变量。

（4）上市年龄（*Age*）。企业创新受上市年龄的影响。已有研究表明，企业成立的时间越长，拥有的创新资源越多，越拥有更多的优势；而年轻企业的研发经验相对不足，不得不投入更多的研发资金。因此，本书将上市年龄作为控制变量，即上市年龄 = 样本年份 - 上市年龄。

（5）企业所属地区（*Region*）。我国东部和中西部地区发展不平衡，企业的研发投入可能存在较大的差异，因此按企业注册地址对企业进行划分，并引入虚拟变量东部取1、中西部取0，其中东部地区包括北京、天津、广东、上海、河北、江苏、山东、浙江、福建、海南。

变量定义见表7-1。

表7-1　变量定义

变量类型	变量名称	变量符号	衡量指标
被解释变量	研发投入	*RD*	研发投入/主营业务收入
解释变量	财政补贴	*Sub*	财政补助/主营业务收入
控制变量	企业规模	*Size*	企业期末总资产的对数
	利润率	*Pro*	营业利润/主营业务收入
	财务杠杆	*Lev*	期末负债总额/期末资产总额
	上市年龄	*Age*	样本年份 - 上市年龄
	企业所属地区	*Region*	东部为1，中西部为0

（三）模型建立

1. 基本回归模型

本书构建了基本回归模型：

$$RD_{i,t} = a_0 + a_1 Sub_{i,t} + a_2 Size_{i,t} + a_3 Pro_{i,t} + a_4 Lev_{i,t} + a_5 Age_{i,t} + \varepsilon_{i,t} \quad (7-1)$$

式中：*RD* 为被解释变量，即企业研发投入的强度；*Sub* 为解释变量，即财政补贴的强度；*Size*、*Pro*、*Lev*、*Age* 分别表示企业规模、利润率、资产负债率、上市年龄，即控制变量。此外，i 表示沪深 A 股电子信息产业第 i 家公司，t 表示年份，$\varepsilon_{i,t}$ 为随机误差项。在对式（7－1）表示的模型进行回归分析前，需根据 F 检验和 Hausman 检验选择最佳模型。

为了研究在不同地区，财政补贴的强度对企业研发投入的强度影响的差异性，在式（7－1）表示的模型的基础上引入了虚拟变量企业所属地区（*Region*）与财政补贴（*Sub*）的交互项，构建模型：

$$RD_{i,t} = a_0 + a_1 Sub_{i,t} + a_2 Size_{i,t} + a_3 Pro_{i,t} + a_4 Lev_{i,t} + a_5 Age_{i,t} + a_6 Region_{i,t} \times Sub_{i,t} + \varepsilon_{i,t} \tag{7-2}$$

式中：*Region* 是表示企业所属地区的虚拟变量；a_6 为交互项的待估计参数，当 a_6 显著时，表示企业所属地区不同，财政补贴的强度对企业的研发投入有显著的不同影响。为了进一步研究财政补贴的强度对研发投入的强度的非线性影响，在式（7－1）中加入财政补贴的平方项 Sub^2，构建以下模型：

$$RD_{i,t} = a_0 + a_1 Sub_{i,t}^{\ 2} + a_2 Size_{i,t} + a_3 Pro_{i,t} + a_4 Lev_{i,t} + a_5 Age_{i,t} + a_6 Region_{i,t} \times Sub_{i,t} + \varepsilon_{i,t} \tag{7-3}$$

2. 门槛回归模型

门槛回归模型是由 Hansen（1999）提出来的，它解决了传统分组回归存在的个人主观意识偏差，准确地反映了影响作用发生结构突变的具体区间，可准确检验门槛效应并估计门槛值。本书运用 Hansen 的门槛回归模型，进一步对非线性进行研究，检验是否存在门槛效应并估计对应的门槛值，在模型式（7－1）的基础上，构建了以下模型：

$$RD_{i,t} = a_0 + a_1 Sub_{i,t} \times I(Sub \leqslant \gamma) + a_2 Sub_{i,t} \times I(Sub > \gamma) + a_n X_{i,t} + \mu_i + \varepsilon_{i,t} \tag{7-4}$$

$$RD_{i,t} = a_0 + a_1 Sub_{i,t} \times I(Sub \leqslant \gamma_1) + a_2 Sub_{i,t} \times I(\gamma_1 < Sub \leqslant \gamma_2) + a_3 Sub_{i,t} \times I(Sub > \gamma_2) + a_n X_{i,t} + \mu_i + \varepsilon_{i,t} \tag{7-5}$$

式中：*Sub*（财政补贴）为门槛变量；γ 为待估计的门槛值；I 为虚拟变量，当括号内的条件满足时取 1，否则 I 取值为 0；X 为控制变量的集合，包括企业规模、利润率、资产负债率、上市年龄；μ_i 为个体效应；$\varepsilon_{i,t}$ 为随机误差项。其中，式（7－4）表示的模型为单一门槛回归模型，式（7－5）

表示的模型为双重门槛回归模型，多重门槛回归模型的构建方法与上述模型类似，所以仅展示单一门槛和双重门槛的回归模型。

四、实证结果与分析

（一）描述性统计

本书通过对样本数据进行描述性统计，得出均值、标准差、最小值和最大值，数据的基本情况见表7－2。从表7－2可以看出，所有样本研发投入的强度的均值为0.0680，最大值为0.2906，最小值为0.0049，表明我国电子信息产业的研发投入的强度存在较大差异。企业获得的财政补贴均值为0.0169，最小值和最大值分别为0.0000和0.1493，与研发投入的强度一样，企业获得的财政补贴的强度有很大差异，而且中位数为0.0084小于均值0.0169，表明大部分企业获得的财政补贴比平均水平少。公司规模的最小值为20.0580，最大值为24.8153，标准差为1.0487，表明样本企业的规模差异不大。从利润率看，最小值为－0.7483，表明有的企业盈利情况不佳，各企业的盈利能力存在较大差异。资产负债率的均值为0.3585，中位数为0.3414，表明样本企业的资产负债率处于较合理水平。企业上市年限的均值为9.9946，中位数为9，最小值和最大值分别为1和25，表明大部分企业上市的年限较短。相关性检验结果显示，研发投入的强度与财政补贴的强度呈正相关，但与其他变量呈负相关，都在10%的水平以上显著相关，并且对于解释变量和控制变量，各变量之间的相关系数，除企业规模和资产负债率超过了0.567以外，都小于0.5，说明各变量之间不存在强相关性，因此，所构建的模型不存在多重共线问题。限于篇幅，不再提供列表。

表7－2　样本数据的描述性统计

变量符号	样本量	均值	标准差	最小值	最大值	中位数
RD	1116	0.0680	0.0517	0.0049	0.2906	0.0539
Sub	1116	0.0169	0.0247	0.0000	0.1493	0.0084

续表 7-2

变量符号	样本量	均值	标准差	最小值	最大值	中位数
Size	1116	21.9724	1.0487	20.0580	24.8153	21.9141
Pro	1116	0.0591	0.1515	-0.7483	0.3874	0.0627
Lev	1116	0.3585	0.1879	0.0453	0.7841	0.3414
Age	1116	9.9946	6.1930	1.0000	25.0000	9.0000

（二）基本回归分析

借鉴已有的研究，本书对数据样本进行了 *F* 检验、Hausman 检验。对于式（7-1）表示的模型，首先通过 *F* 检验来判断是否存在个体效应，其原假设是选择不存在个体效应，备选假设是存在个体效应，其 *P* 值为 0，拒绝原假设，应选择固定效应模型；接着通过 Hausman 检验确定个体效应与解释变量是否相关，如果相关，选用固定效应模型，否则选用随机效应模型。设原假设是个体效应与解释变量不相关，则备选假设是个体效应与解释变量相关。检验结果 *P* 值为 0，拒绝原假设，即个体效应与解释变量相关，因此，选择固定效应模型。同理，式（7-2）和式（7-3）也选择固定效应模型。检验结果见表 7-3。

表 7-3　数据样本的检验结果

项目		(1) 式（7-1）	(2) 式（7-2）	(3) 式（7-3）
F 检验		$F=17.17$	$F=17.31$	$F=17.38$
		$P=0.0000$	$P=0.0000$	$P=0.0000$
Hausman 检验		$chi2=487.41$	$chi2=374.23$	$chi2=77.97$
		$Prob>chi2=0.0000$	$Prob>chi2=0.0000$	$Prob>chi2=0.0000$

式（7-1）、式（7-2）、式（7-3）表示的模型的回归结果见表 7-4。由表 7-4 模型式（7-1）可知，财政补贴对企业研发投入有正向影响且通过了 1% 的显著性检验，每增加 1 个单位的财政补贴，企业的研发投入

增加0.417个单位。企业规模与研发投入在1%的显著水平上呈正相关，企业规模越大，企业研发投入越多。利润率和资产负债率与企业研发投入显著相关，显著性水平为1%，而且系数都为负，表明利润率和资产负债率增加，企业的研发投入将减少。上市年龄与研发投入显著相关，显著性水平为1%，回归系数为正，表明随着上市年龄增加，企业研发投入增加。

由表7-4模型式（7-2）可知，*Sub_Region* 的系数为正且在1%的水平上显著，这表明财政补贴的强度对东部地区的研发投入促进作用大于对中西部地区的促进作用。对于东部地区的企业而言，随着财政补贴每增加1个单位，企业的研发投入会增加0.492个单位；对于中西部地区的企业而言，财政补贴对企业研发没有显著性影响，α_1 为-0.007且没有通过显著性检验。初步验证了假设H7-3，财政补贴对企业创新的影响存在地区性差异。

考虑财政补贴对企业研发投入的非线性影响，增加财政补贴的平方项，回归结果见表7-4的第（3）列，财政补贴的平方项为正，通过了1%的显著性水平检验，并且模型拟合度为0.156，高于式（7-1）表示的模型中的拟合度0.147，表明财政补贴与企业研发投入存在非线性关系，验证了假设H7-1。

表7-4　基本回归结果

变量符号	(1) 式（7-1） *RD*	(2) 式（7-2） *RD*	(3) 式（7-3） *RD*
*Sub*1	0.417*** (8.94)	-0.007 (-0.06)	0.094 (0.87)
*Sub*2	—	—	2.755*** (3.29)
Size	0.009*** (3.57)	0.008*** (3.40)	0.008*** (3.42)
Pro	-0.038*** (-5.67)	-0.040*** (-5.90)	-0.040*** (-5.93)
Lev	-0.038*** (-3.54)	-0.038*** (-3.51)	-0.042*** (-3.84)

续表 7－4

变量符号	(1) 式 (7－1) *RD*	(2) 式 (7－2) *RD*	(3) 式 (7－3) *RD*
Age	0.002*** (3.40)	0.002*** (3.35)	0.001*** (3.08)
Sub_Region	—	0.492*** (3.77)	—
Constant	－0.134*** (－2.68)	－0.123** (－2.47)	－0.119** (－2.39)
Observations	1116	1116	1116
R-squared	0.147	0.159	0.156
FE	是	是	是

注：①“*”“**”“***”分别表示在10%、5%、1%的统计水平上显著；②括号内的数值为检验 *T* 值。

（三）门槛回归分析

1. 门槛效应检验

为了进一步研究财政补贴与企业研发投入的非线性关系，采用面板门槛模型进行分析。首先将财政补贴作为门槛变量，则财政补贴作为核心变量，可用于检验门槛存在个数及门槛值。

检验单一门槛，提出如下假设：

假设 H7－4a：不存在门槛值；

假设 H7－4b：存在一个门槛值。

检验双重门槛，提出如下假设：

假设 H7－5a：存在一个门槛值；

假设 H7－5b：存在两个门槛值。

门槛效应检验结果见表7－5，单一门槛检验的 P 值为0.0433，在5%的显著水平上拒绝原假设，即拒绝不存在门槛值，因此存在单一门槛值；双重门槛检验的 P 值为0.6533，没有通过显著性检验，不存在双重门槛值，因此应该使用单一门槛模型。进一步得到门槛估计值，结果见表7－6，门槛值0.0648位于95%的置信区间内，检验结果可靠；同时，门槛值0.0648将样本数据分为两个区间，分别是财政补贴的强度小于0.0648和财政补贴的强度大于0.0648。

表7－5　门槛效应检验结果

门槛	F 值	P 值	BS 次数	10%临界值	5%临界值	1%临界值
单一门槛	14.68	0.0433	300	12.1481	13.9976	19.8478
双重门槛	4.59	0.6533	300	12.8966	17.2331	28.6285

表7－6　门槛估计值和置信区间

门槛模型	门槛估计值	95%置信区间
单一门槛模型	0.0648	[0.0553，0.0881]

2. 门槛回归结果分析

根据门槛效应检验结果和门槛值，代入单一门槛回归式（7－6），建立如下模型：

$$RD_{i,t} = a_0 + a_1 Sub_{i,t} \times I(Sub \leqslant 0.0648) + a_2 Sub_{i,t} \times I(Sub > 0.0648) + a_n X_{i,t} + \mu_i + \varepsilon_{i,t} \quad (7-6)$$

上述单一门槛回归模型的回归结果见表7－7。

表7－7　门槛回归模型的回归结果

变量符号	模型式（7－6） RD
$Sub \leqslant 0.0648$	0.1884** (2.41)

续表7－7

变量符号	模型式（7－6） *RD*
Sub >0.0648	0.4773*** （9.69）
Size	0.0088*** （3.56）
Pro	－0.0397*** （－5.89）
Lev	－0.0416*** （－3.84）
Age	0.0013*** （2.94）
Constant	－0.1264** （－2.54）
Observations	1116
R-squared	0.158
FE	是

注：①“*”“**”“***”分别表示在10%、5%、1%的统计水平上显著；②括号内的数值为检验*T*值。

从门槛回归模型的回归结果可以看出，当财政补贴的强度小于或等于0.0648时，财政补贴的强度对企业研发投入有正向促进作用，其回归系数为0.1884，并且在5%的水平上显著；当财政补贴的强度不断提高，直到大于0.0648时，财政补贴的强度对企业研发投入的正向促进作用有所加强，其回归系数为0.4773，并且通过了1%的显著性检验。

综上所述，财政补贴对电子信息产业上市企业研发投入的影响存在门槛效应，当财政补贴的强度大于0.0648时，对企业研发投入的强度的促进作用明显增强，存在高效补贴区间，验证了假设H7－2。

（四）地区差异性检验

1. 门槛效应检验

为了检验财政补贴对企业创新影响可能存在的地区性差异，将样本企业按注册地址分为东部企业和中西部企业，分别进行门槛效应检验，结果见表7-8、表7-9。东部企业存在单一门槛，P 值为0.0433，在5%的水平上显著，门槛值为0.0712。中西部企业存在双重门槛效应，第一重门槛在1%的水平上显著，门槛值为0.0203；第二重门槛在10%的水平上显著，门槛值为0.0282。

表7-8　东部门槛效应检验

门槛	门槛值	F 值	P 值	BS 次数	10%临界值	5%临界值	1%临界值
单一门槛	0.0712	19.39	0.0433	300	14.9211	19.1418	29.8750

表7-9　中西部门槛效应检验

门槛	门槛值	F 值	P 值	BS 次数	10%临界值	5%临界值	1%临界值
单一门槛	0.0203	17.68	0.0033	300	11.8191	13.7426	16.6866
双重门槛	0.0282	12.36	0.0700	300	11.4043	13.5478	16.8878

2. 门槛回归结果分析

根据门槛效应检验结果和门槛值，代入单一门槛回归式（7-7）、式（7-8），分别建立了东部、中西部门槛回归模型，如下所示：

$$RD_{i,t} = a_0 + a_1 Sub_{i,t} \times I(Sub \leqslant 0.0712) + a_2 Sub_{i,t} \times I(Sub > 0.0712) + a_n X_{i,t} + \mu_i + \varepsilon_{i,t} \quad (7-7)$$

$$RD_{i,t} = a_0 + a_1 Sub_{i,t} \times I(Sub \leqslant 0.0203) + a_2 Sub_{i,t} \times I(0.0203 < Sub \leqslant 0.0282) + a_3 Sub_{i,t} \times I(Sub > 0.0282) + a_n X_{i,t} + \mu_i + \varepsilon_{i,t} \quad (7-8)$$

由门槛回归结果表7-10可知，对于东部企业，当财政补贴的强度小于或等于0.0712时，财政补贴的强度对企业研发投入有正向促进作用，其回归系数为0.2235，并且在5%的水平上显著；当财政补贴的强度大于0.0712时，财政补贴的强度对企业研发投入的促进作用进一步加强，其回归系数为0.5925，并且通过了1%的显著性检验。这表明东部企业的研发投入的强度随财政补贴的强度不断增加，呈非线性增加趋势。

对于中西部企业，当财政补贴的强度小于0.0203时，财政补贴的强度对研发投入的强度产生了抑制影响，其回归系数为-0.3054，但是不显著；当财政补贴的强度介于0.0203～0.0282时，财政补贴的强度对企业研发投入有明显正向促进作用，而且在1%的水平上显著；当财政补贴的强度超过0.0282时，回归系数为-0.0556且不显著。这表明在第一个门槛前，财政补贴的强度对企业研发投入产生了抑制作用，介于第一个门槛和第二个门槛之间时产生了促进作用，跨过第二个门槛后又产生了抑制作用。

因此，财政补贴对东部企业研发投入的促进作用更加显著，而对中西部企业研发投入的影响是先抑制后促进再抑制。这表明东部地区对于财政补贴的使用效果优于中西部，可能东部地区拥有较丰富的资源和较多的创新条件，对补贴的需求更强烈。

表7-10　门槛回归模型的回归结果

变量符号	模型式（7-7） *RD*	模型式（7-8） *RD*
*Sub*1	0.2235** (2.53)	-0.3054 (1.28)
*Sub*2	0.5925*** (11.26)	1.4710*** (3.54)
*Sub*3	—	-0.0556 (-0.35)
Size	0.0094*** (3.36)	0.0050 (0.51)
Pro	-0.0401*** (-5.61)	-0.0720* (-1.90)
Lev	-0.0421*** (-3.47)	-0.0480 (-1.08)

续表 7－10

变量符号	模型式（7－7） *RD*	模型式（7－8） *RD*
Age	0.0011** （2.00）	0.0030 （1.56）
Constant	－0.1378** （－2.45）	－0.0430 （－0.24）
Observations	873.0000	243.0000
R-squared	0.2050	0.2170
FE	是	是

注：①“*”“**”“***”分别表示在10%、5%、1%的统计水平上显著；②括号内的数值为检验 *T* 值。

五、本章小结

本章以2011—2019年沪深两市A股电子信息产业上市企业为样本数据，研究财政补贴对电子信息产业上市企业创新行为的门槛效应。研究发现，首先，财政补贴对电子信息产业上市企业的创新行为具有正向促进作用，而且其影响是非线性的，存在门槛效应。当财政补贴的强度小于或等于0.0648时，对企业研发投入的促进作用较小；当财政补贴的强度大于0.0648时，对企业研发投入的促进作用明显加强，财政补贴的强度每增加1个单位，企业研发投入的强度会增加0.4773。实证结果表明，财政补贴对电子信息产业上市企业创新产生了积极影响，表明财政补贴是很有必要的，政府应该继续加强对该产业的补贴，鼓励企业创新，同时结合补贴的门限值向企业发放补贴，最大限度地发挥财政补贴对企业创新的促进作用。其次，财政补贴对电子信息产业上市企业创新行为的影响具有地区差异性。相较于中西部，财政补贴对东部企业的研发投入存在较明显的正向促进作用，而且存在单一门槛效应，当财政补贴的强度大于0.0712时，对企业研发投入的强度的影响系数达到了0.5925。而财政补贴的强度与中西部企业的研发投入的强度存在倒

“U”型关系，财政补贴强度对其研发投入产生了先抑制后促进再抑制的作用。因此，政府在发放补贴时，应考虑地区差异性，控制补贴强度，防止过度补贴对企业创新产生抑制作用。

第八章　研究结论与未来展望

如何通过技术创新驱动发展嵌入全球价值链顶端，实现企业高质量发展，已经成为国家和企业不可忽视的重要方面。已有研究考察了政府财税支持政策对企业创新投入和创新产出的影响，但鲜有学者从政府财政和税收优惠政策及两者的组合视角探究政府的创新资金与企业的创新数量、质量和创新效率之间的因果关系，以及协同企业内部风险管控水平的创新激励机制。针对政府财税支持政策能否发挥创新激励效应、企业自身通过完善内部控制制度能否进一步提高资源利用效率、是否受到制度安排的影响、具体依赖哪些情境这些问题，本书采用沪深上市公司2012—2019年的面板数据，将资源观整合到经济学的研究框架中，结合委托代理理论和信息不对称理论，以2012—2019年沪深A股上市公司数据作为研究样本，实证研究了政府财税支持政策对企业创新产出、质量和创新效率的影响，进一步考察了内部控制促进政府财税支持政策的技术创新激励效应的异质性表现，产权性质和地区发展水平在配置政府财税支持政策的技术创新激励效应中的差异化表现，以及内部控制目标实现程度视角的政府财税支持政策的激励效应的动态化影响。相关研究结论为解释我国创新驱动发展背景下政府财税支持政策作用于企业技术创新的政策效应及其机制提供了理论逻辑。本书的主要贡献在于提出了内部控制促进政府财税支持政策创新激励效应的动态管控表现，并从企业产权层面和内部控制目标层面进一步分析了财政补贴的创新激励效应的差异表现。

一、研究结论

本书分别从政府财税支持政策单一要素和财税要素组合的视角探究了

创新资金与企业技术创新数量、质量和创新效率之间的因果关系及其影响机制，具体研究结论如下。

第一，财政补贴促进了企业的创新产出数量，提升了企业的实质性创新产出，也表明接受财政补贴的企业更多地产出了高质量的发明专利，企业的创新并不只是追求数量的策略性行为，接受财政补贴的企业创新效率也显著提高。财政补贴对国有企业和非国有企业均产生了正向的创新激励效果；财政补贴对非国有企业的创新效率和创新产出数量的影响最强。财政补贴对东部和中部地区的企业创新产出的数量和质量均产生了显著的正向激励作用，且对中部地区企业的激励效果明显优于东部地区；对西部地区企业的创新产出的数量和质量影响均不显著，只对创新效率有影响。

税收优惠政策促进了企业的创新产出数量、质量和创新效率。相比较而言，税收优惠政策对国有企业创新产出的专利数量的激励作用更强；在创新产出的质量方面，对国有企业和非国有企业的激励作用没有较大差异。从创新效率的视角来看，对非国有企业的创新激励效应更强。税收优惠政策对东部地区和中部地区的企业创新产出的数量、质量和创新效率均产生了显著的正向激励作用，且对中部地区的企业创新产出的数量的激励效果明显优于东部地区；对东部地区企业的创新产出的质量的激励效果优于中部地区。税收优惠政策对西部地区企业的创新产出影响均不显著。

第二，单行财税政策均对企业创新具有显著的正向激励作用。当考虑两种政策并行实施时，一方面，财政补贴和税收优惠幅度的系数略有下降，表明两种政策并行实施有可能削弱单个政策的激励作用；另一方面，财政补贴的系数要明显高于税收优惠，表明两种政策并行实施时，财政补贴的作用更强。

第三，高水平的内部控制会促进公司创新产出的数量、质量和创新效率，且企业更多地实现了发明专利申请数量的增加。高水平的内部控制可显著提升财政补贴对企业创新能力的激励效应，包括创新产出效果（数量和质量）和创新效率，且高水平的内部控制的调节效应更多地实现了实质性创新。同样，高水平的内部控制可显著提升税收优惠对企业创新能力的激励效应，包括创新产出效果（数量和质量）和创新效率，但是不会促进税收优惠激励的策略性创新。

第四，内部控制对财税政策和企业创新能力的调节作用还依赖于所有制性质。高水平的内部控制可显著提升财政补贴对企业创新能力的激励效应，国有企业的内部控制对财政补贴在促进企业创新活动中提升专利产出效益（创新质量）所发挥的促进作用更强；非国有企业的内部控制对财政补贴在促进企业创新活动中提升效率（创新效率）所发挥的促进作用更强。无论是从专利申请数量的视角，还是从创新效率的视角出发去考察企业的创新能力，内部控制质量仅对非国有企业的税收优惠在研发活动中效益的发挥具有促进作用。在财税政策的并行实施下，内部控制仅对实质性创新产出和创新效率具有同时正向调节作用，对于创新产出的数量和策略性创新产出，内部控制仅对财政补贴发挥作用，对税收优惠没有作用。

第五，在内部控制各目标的动态调节效应下，财政补贴与税收优惠的激励效应呈现出不同的特点。其中，战略目标和经营目标均对创新产出的数量和质量起到了正向调节；报告目标仅对财税政策的创新产出的质量有正向调节作用，而对财政补贴的创新产出的数量和创新效率没有影响；合规目标在两种创新支持政策下甚至呈现出相反的作用。总体来看，内部控制各目标的动态调节效应对税收优惠的作用要多于财政补贴。

第六，财政补贴和税收优惠对企业创新产出既有直接影响，又有间接影响。企业研发投入在政府创新资金支持与企业创新产出的关系中发挥了部分中介作用。财政补贴和税收优惠不仅促进了专利数量的增加，而且通过影响企业的研发投入进而影响了专利产出的数量。“政府创新支持资金—研发投入—企业创新产出”这一影响路径受到了内部控制治理水平的调节，企业制定的具体的内部控制政策会调节研发投入，以促进后半路径的创新产出。

二、政策启示

政府支持政策中给予的财税资金作为实施公共政策的体现方式，也是企业重要的外部资金来源。企业为了适应市场竞争环境以及满足顾客的需求，获得政府财税资金后，可通过整合资源来自主创新，提升可持续发展的创新能力。但也有部分企业为了迎合政府支持资金的需要而创新，只重视发展数量而不重视发展质量，这不利于企业创新心态的培养。因此，研究这些财税补贴对企业创新能力产生的真实效益和创新效率的作用，使政府的资源配置更加符合预期的效果，是合理配置财政补贴的必然需求。本书的研究成果丰富了有关政府创新财税资金与企业创新产出的数量和质量及创新效率的多维度因果关系的相关研究，并为政府科学实施创新驱动发展战略和高效行使宏观调控职能提供了一定参考价值。基于学术界已有的研究结果，可以得出以下启示。

第一，在制定符合实际情况的补贴方案时，应充分考虑政府财税资金支持的有效性及其实现条件，以便充分发挥创新资金的效用。研究结果表明，财政补贴对国有企业的创新产出和创新效率的激励效果更为显著，而对非国有企业的创新效率的激励效果更明显，因此，政府在制定补贴方案时可以分别设置不同所有制形式的补贴条款，并分类实施。根据企业已有的专利申请的质量和数量及创新效率，采用不同的补贴激励政策，将补贴多提供给更能充分发挥外部资源效用的企业，做到按需补助、精准补助。政府应该完善创新政策和创新保障体系，以全面支持创新驱动发展战略。具体而言，需要从制度层面鼓励和保障企业的创新活动，从资源方面降低企业的创新成本，分担创新风险，进而有效地提升企业的创新质量和效率，夯实基础创新。

第二，政府除了不断完善创新激励机制，还应不断提升创新审查能力和创新补贴项目的监管能力。研究结论显示，财政补贴和税收优惠对企业创新产出既有直接影响，又有间接影响。企业研发投入在政府创新支持资金与企业创新产出的关系中发挥了部分中介作用。因此，政府需要加强对企业创新行为的补贴的甄别机制和审查能力，尤其要鼓励自主创新投入强度较高的企业，引导有意愿开展创新活动的企业，以保证政府创新补贴投向能够真正开展创新以及实现高质量创新的企业。

第三，要充分考虑政府财税支持政策的有效性在不同风险管控环境下的差异性，建立适当的补贴原则。研究发现，对于不同的内部控制目标实现程度，财政补贴的创新质量和效率的激励效应表现都不同。政府可以考虑采用不同导向的补贴原则，例如，政府可以采取政策导向的补贴原则，对符合条件的企业以参股、持股的方式进行创新投入，补贴股权化，提高上市公司的创新积极性。另外，也可以采取市场导向的补贴原则，例如，允许企业以借贷的方式获得补贴资金，以此缓解创新环节的融资约束，当然，政府也可以对补贴资金的投资回报率提出相应的要求。

第四，对于企业层面而言，首先，需要强化风险管理意识，提升财税资金的使用成效。企业的管理水平和经营决策能力的高低会显著影响企业能否合理使用政府财税支持资金。企业应借助政府的扶持政策和良好的外部发展环境，重视产品的创新和市场风险的管控，并强化内部控制的意识，切实提升企业的内部控制成效，以便使财政补贴能够在对应的项目上发挥作用，完成资源的最优配置，实现企业的高质量发展。其次，完善公司的治理机制。注重企业内部控制制度的设计与实施，这对于鼓励创新活动非常重要。优秀的内部控制制度可以减少利益相关者之间信息不对称的问题，加强彼此的沟通，有利于企业进行融资活动，使企业的技术创新项目获得更多的资金和人力资源。内部控制制度的设计和实施需要企业管理层的配合，同时也需要企业员工的积极参与，以充分发挥内部控制制度的效用，优化企业资源配置，进一步提高研发投入和创新能力。企业应该明确内部控制制度对企业经营管理的重要作用，提高对内部控制制度建设的重视。同时，根据企业的自身特点和发展战略，设计适合企业的内部控制体系，找到内部控制和企业创新机制的平衡点，在发挥内部控制的治理作用的同时，保持企业的创新活力并增强企业的创新能力。这都需要在学术研究和实践中进行更深入的研究和探讨。

三、研究局限性

本书的研究也存在一定的局限性，值得继续深入研究和探讨。

（1）本书只考察了财政补贴总体上对企业创新异质性的影响。鉴于政府在创新驱动发展过程中适时会推出不同的更加细化的补贴政策，需要更全面地考虑不同形式的财政创新补贴对企业创新的影响，以及针对创新补贴明细项目可能产生的激励效应进行进一步的研究，这可以成为未来研究的重要方向。

（2）本书只考察了以迪博数据库的内控指数作为研究内部控制水平的

调节效应的样本，限于数据的可获取性，在后续的研究中，可以考虑不同的度量方法。例如，财政部给出的企业内部控制评价报告模板中，要求重点关注高风险领域，未来我们可以从企业创新的风险领域去考虑和衡量与创新有关的风险控制情况，从而得到更加丰富且更有针对性的结论。

（3）财政补贴的创新激励效应会受到企业内部诸多方面的影响，受篇幅限制，本书只探讨了所有制性质、内部控制目标的调节效应，但其影响因素不仅仅只有上述内容，未来可以进一步从企业内部的其他治理因素（如董事会、管理层薪酬等方面）进行扩展研究。

参考文献

安同良，周绍东，皮建才. R&D 补贴对中国企业自主创新的激励效应［J］. 经济研究，2009，44（10）：87－98.

白华. 内部控制、公司治理与风险管理：一个职能论的视角［J］. 经济学家，2012（3）：46－54.

白俊红，李婧. 政府 R&D 资助与企业技术创新：基于效率视角的实证分析［J］. 金融研究，2011（6）：181－193.

白俊红. 中国的政府 R&D 资助有效吗？来自大中型工业企业的经验证据［J］. 经济学（季刊），2011，10（4）：1375－1400.

陈汉文，黄轩昊. 中国上市公司内部控制指数：逻辑、构建与验证［J］. 审计研究，2019（1）：55－63.

陈红，张玉，刘东霞. 政府补助、税收优惠与企业创新绩效：不同生命周期阶段的实证研究［J］. 南开管理评论，2019，22（3）：187－200.

陈立，蒋艳秋. 财税政策、融资约束与创新绩效：基于科技型中小企业的实证研究［J］. 重庆理工大学学报（社会科学），2021，35（4）：112－121.

陈玲，杨文辉. 政府研发补贴会促进企业创新吗?：来自中国上市公司的实证研究［J］. 科学学研究，2016，34（3）：433－442.

陈洋林，宋根苗，张长全. 税收优惠对战略性新兴产业创新投入的激励效应评价：基于倾向评分匹配法的实证分析［J］. 税务研究，2018（8）：80－86.

陈远燕. 财政补贴、税收优惠与企业研发投入：基于非上市公司 20 万户企业的实证分析［J］. 税务研究，2016（10）：34－39.

陈远燕，何明俊，张鑫媛. 财政补贴、税收优惠与企业创新产出结构：

来自中国高新技术上市公司的证据［J］. 税务研究，2018（12）：48－54.
陈远燕. 加计扣除政策对企业研发投入的影响：基于某市企业面板数据的实证分析［J］. 税务研究，2015（11）：88－93.
成琼文，丁红乙. 政府补贴强度对资源型企业实质性创新产出的影响［J］. 科技进步与对策，2021，38（2）：85－94.
池仁勇. 企业技术创新效率及其影响因素研究［J］. 数量经济技术经济研究，2003（6）：105－108.
池仁勇，阮鸿鹏，於珺. 新能源汽车产业政府补助与市场融资的创新激励效应［J］. 科研管理，2021，42（5）：170－181.
储德银，纪凡，杨珊. 财政补贴、税收优惠与战略性新兴产业专利产出［J］. 税务研究，2017（4）：99－104.
戴文涛，李维安. 企业内部控制综合评价模型与沪市上市公司内部控制质量研究［J］. 管理评论，2013，25（1）：128－138.
邓子基，杨志宏. 财税政策激励企业技术创新的理论与实证分析［J］. 财贸经济，2011（5）：5－10.
厄特巴克. 产业创新与技术扩散［M］. 高建，等译. 北京：清华大学出版社，1999.
樊琦，韩民春. 政府R&D补贴对国家及区域自主创新产出影响绩效研究：基于中国28个省域面板数据的实证分析［J］. 管理工程学报，2011，25（3）：183－188.
方红星，陈作华. 高质量内部控制能有效应对特质风险和系统风险吗?［J］. 会计研究，2015（4）：70－77.
冯海红，曲婉，李铭禄. 税收优惠政策有利于企业加大研发投入吗?［J］. 科学学研究，2015，33（5）：665－673.
傅家骥. 技术创新学［M］. 北京：清华大学出版社，1998.
高锦萍，梁曦月. 内部控制基本理论研究［J］. 市场周刊，2019（1）：1－3.
高雨辰，柳卸林，马永浩，等. 政府研发补贴对企业研发产出的影响机制研究：基于江苏省的实证分析［J］. 科学学与科学技术管理，2018，

39（10）：51－67.
宫义飞，夏艳春. 内部控制质量、研发投入与企业绩效［J］. 会计之友，2017，57（18）：35－39.
郭檬，杜若，戴心仪. 政府补助、研发投入与高新技术企业价值：来自创业板高新技术企业的经验数据［J］. 中国市场，2017（14）：27－29.
郭玥. 政府创新补助的信号传递机制与企业创新［J］. 中国工业经济，2018（9）：98－116.
国家统计局. 2021 年全国科技经费投入统计公报［EB/OL］.（2022－08－31）［2023－01－09］. http://www.gov.cn/xinwen/2022－08/31/content_5707547.htm.
韩宝山，李夏. 税收减免提高企业创新活力了吗?：基于融资约束视角的检验［J］. 经济学动态，2022（3）：88－107.
韩凤芹，陈亚平. 税收优惠真的促进了企业技术创新吗?：来自高新技术企业 15% 税收优惠的证据［J］. 中国软科学，2021（11）：19－28.
韩乾，洪永淼. 国家产业政策、资产价格与投资者行为［J］. 经济研究，2014（12）：143－158.
韩寅. 技术创新的市场失灵机制以及政府作用［J］. 技术经济与管理研究，2015（4）：48－51.
贺康，王运陈，张立光，等. 税收优惠、创新产出与创新效率：基于研发费用加计扣除政策的实证检验［J］. 华东经济管理，2020，34（1）：37－48.
贺炎林，单志诚，钟腾. 创新补贴政策促进技术创新的有效性研究：融资约束的视角［J］. 经济经纬，2022，39（4）：128－139.
洪俊杰，石丽静. 自主研发、地区制度差异与企业创新绩效：来自 371 家创新型企业的经验证据［J］. 科学学研究，2017，35（2）：310－320.
胡卫. 论技术创新的市场失灵及其政策含义［J］. 自然辩证法研究，2006，22（10）：63－67.
胡宗义，冯婷. 外部融资结构对企业技术创新的影响研究：基于我国信息技术行业上市公司的实证分析［J］. 工业技术经济，2018，37（1）：3－10.

贾春香，王婉莹．财政补贴、税收优惠与企业创新绩效：基于研发投入的中介效应［J］．会计之友，2019（11）：98－103.
江飞涛，李晓萍．直接干预市场与限制竞争：中国产业政策的取向与根本缺陷［J］．中国工业经济，2010（9）：26－36.
江艇．因果推断经验研究中的中介效应与调节效应［J］．中国工业经济，2022（5）：100－120.
解维敏，唐清泉，陆姗姗．政府 R&D 资助，企业 R&D 支出与自主创新：来自中国上市公司的经验证据［J］．金融研究，2009（6）：86－99.
黎文靖，李耀淘．产业政策激励了公司投资吗［J］．中国工业经济，2014（5）：122－134.
黎文靖，郑曼妮．实质性创新还是策略性创新？：宏观产业政策对微观企业创新的影响［J］．经济研究，2016，51（4）：60－73.
李传喜，赵讯．我国高新技术企业财税激励研发投入效应研究［J］．税务研究，2016（2）：105－109.
李春涛，宋敏．中国制造业企业的创新活动：所有制和 CEO 激励的作用［J］．经济研究，2010，45（5）：55－67.
李汇东，唐跃军，左晶晶．用自己的钱还是用别人的钱创新？：基于中国上市公司融资结构与公司创新的研究［J］．金融研究，2013（2）：170－183.
李婧．政府 R&D 资助对企业技术创新的影响：一个基于国有与非国有企业的比较研究［J］．研究与发展管理，2013，25（3）：18－24.
李林木，汪冲．税费负担、创新能力与企业升级：来自“新三板”挂牌公司的经验证据［J］．经济研究，2017，52（11）：119－134.
李万福，杜静，张怀．创新补助究竟有没有激励企业创新自主投资：来自中国上市公司的新证据［J］．金融研究，2017（10）：130－145.
李万福，林斌，宋璐．内部控制在公司投资中的角色：效率促进还是抑制？［J］．管理世界，2011（2）：81－99.
李晓钟，徐怡．政府补贴对企业创新绩效作用效应与门槛效应研究：基于电子信息产业沪深两市上市公司数据［J］．中国软科学，2019（5）：31－39.

李瑛玫，史琦．内部控制能够促进企业创新绩效的提高吗？［J］．科研管理，2019，40（6）：86－99.

李育红．公司治理结构与内部控制有效性：基于中国沪市上市公司的实证研究［J］．财经科学，2011（2）：69－75.

廖信林，顾炜宇，王立勇．政府 R&D 资助效果、影响因素与资助对象选择：基于促进企业 R&D 投入的视角［J］．中国工业经济，2013（11）：148－160.

林斌，林东杰，胡为民，等．目标导向的内部控制指数研究［J］．会计研究，2014（8）：16－24.

林毅夫．发展战略、自生能力和经济收敛［J］．经济学（季刊），2002，1（2）：269－300.

林钟高，张天宇．内部控制、董事会行为与企业创新战略选择［J］．会计与经济研究，2018，32（3）：73－89.

刘放，杨筝，杨曦．制度环境、税收激励与企业创新投入［J］．管理评论，2016，28（2）：61－73.

刘和旺，郑世林，王宇锋．所有制类型、技术创新与企业绩效［J］．中国软科学，2015（3）：28－40.

刘虹，肖美凤，唐清泉．R&D 补贴对企业 R&D 支出的激励与挤出效应：基于中国上市公司数据的实证分析［J］．经济管理，2012，34（4）：19－28.

刘瑞明，石磊．国有企业的双重效率损失与经济增长［J］．经济研究，2010，45（1）：127－137.

刘新民，李垣，冯进路．企业内部控制机制对创新模式选择的影响分析［J］．南开管理评论，2006（2）：64－68.

柳光强．税收优惠、财政补贴政策的激励效应分析：基于信息不对称理论视角的实证研究［J］．管理世界，2016（10）：62－71.

柳光强，杨芷晴，曹普桥．产业发展视角下税收优惠与财政补贴激励效果比较研究：基于信息技术、新能源产业上市公司经营业绩的面板数据分析［J］．财贸经济，2015（8）：38－47.

逯东，林高，杨丹．政府补助、研发支出与市场价值：来自创业板高新技

术企业的经验证据 [J]. 投资研究, 2012, 31 (9): 67-81.
罗斌元, 刘玉. 税收优惠、创新投入与企业高质量发展 [J]. 税收经济研究, 2020, 25 (4): 13-21.
罗思平, 于永达. 技术转移、"海归"与企业技术创新: 基于中国光伏产业的实证研究 [J]. 管理世界, 2012 (11): 124-132.
骆良彬, 郑昊. 内部控制视角下的企业研发投资风险防范探究 [J]. 福建论坛 (人文社会科学版), 2016 (8): 28-32.
马文聪, 李小转, 廖建聪, 等. 不同政府科技资助方式对企业研发投入的影响 [J]. 科学学研究, 2017, 35 (5): 689-699.
马永强, 路媛媛. 企业异质性、内部控制与技术创新绩效 [J]. 科研管理, 2019, 40 (5): 134-144.
马玉琪, 扈瑞鹏, 赵彦云. 财税激励政策对高新技术企业研发投入影响效应分析: 基于广义倾向得分法的实证研究 [J]. 中国科技论坛, 2017 (2): 143-149.
毛其淋, 许家云. 政府补贴对企业新产品创新的影响: 基于补贴强度"适度区间"的视角 [J]. 中国工业经济, 2015 (6): 94-107.
梅冰菁, 罗剑朝. 财政补贴、研发投入与企业创新绩效: 制度差异下有调节的中介效应模型检验 [J]. 经济经纬, 2020, 37 (1): 167-176.
倪静洁, 吴秋生. 内部控制有效性与企业创新投入: 来自上市公司内部控制缺陷披露的证据 [J]. 山西财经大学学报, 2020, 42 (9): 70-84.
聂秀华, 吴青. 融资渠道、政府补贴与企业创新可持续性: 基于动态面板模型的实证分析 [J]. 企业经济, 2019 (9): 60-68.
曲国霞, 陈正, 张盟. 董事会治理机制与内部控制目标的实现: 基于 AHP 的内部控制有效性评价 [J]. 中国海洋大学学报 (社会科学版), 2015 (6): 30-37.
沙赫. 促进投资与创新的财政激励 [M]. 匡小平, 秦洋义, 张文春, 等译. 北京: 经济科学出版社, 2000.
尚洪涛, 黄晓硕. 政府补贴、研发投入与创新绩效的动态交互效应 [J]. 科学学研究, 2018, 36 (3): 446-455.
史丽萍, 刘强, 吴康俊, 等. FDI 技术溢出、知识创新与企业竞争优势的关系研究：基于企业吸收能力、内部控制机制的调节作用［J］. 研究与发展管理，2014，26（5）：1－13.

史璇，赵欢，段小存. 高新技术企业内部控制有效性、社会责任履行与技术创新效率关系研究［J］. 商业会计，2018（10）：20－25.

世界知识产权组织. 2022年全球创新指数报告［EB/OL］.（2022－09－29）［2023－01－09］. https://www.wipo.int/publications/zh/details.jsp? id =4622.

水会莉，韩庆兰. 融资约束、税收激励与企业研发投入：来自中国制造业上市公司的证据［J］. 科技管理研究，2016，36（7）：30－36.

孙早，郭林生，肖利平. 企业规模与企业创新倒U型关系再检验：来自中国战略性新兴产业的经验证据［J］. 上海经济研究，2016（9）：33－42.

孙自愿，梁晨，卫慧芳. 什么样的税收优惠能够激励高新技术企业创新：来自优惠强度与具体优惠政策的经验证据［J］. 北京工商大学学报（社会科学版），2020，35（5）：95－106.

唐清泉，卢珊珊，李懿东. 企业成为创新主体与R&D补贴的政府角色定位［J］. 中国软科学，2008（6）：88－98.

田丹，吕文栋，刘凯丽. 内部控制对创新风险的作用机制：基于风险缓和模型的研究［J］. 财贸经济，2022，43（5）：129－144.

童馨乐，杨璨，WANG J M. 政府研发补贴与企业创新投入：数量激励抑或质量导向？［J］. 宏观质量研究，2022，10（1）：27－45.

王刚刚，谢富纪，贾友. R&D补贴政策激励机制的重新审视：基于外部融资激励机制的考察［J］. 中国工业经济，2017（2）：60－78.

王霞. 评我国税收优惠中的法律工具主义思想［J］. 税务研究，2010（4）：54－57.

王亚男，戴文涛. 内部控制抑制还是促进企业创新?：中国的逻辑［J］. 审计与经济研究，2019，34（6）：19－32.

王一卉. 政府补贴、研发投入与企业创新绩效：基于所有制、企业经验与地区差异的研究［J］. 经济问题探索，2013（7）：138－143.

王运陈，逯东，宫义飞. 企业内部控制提高了R & D效率吗？［J］. 证券市场导报，2015（1）：39－45.

魏紫，姜朋，王海红．小型微利企业所得税优惠政策经济效应的实证分析［J］．财政研究，2018（11）：96－106.

吴超鹏，唐菂．知识产权保护执法力度、技术创新与企业绩效：来自中国上市公司的证据［J］．经济研究，2016，51（11）：125－139.

吴联生．国有股权、税收优惠与公司税负［J］．经济研究，2009，44（10）：109－120.

吴伟伟，张天一．非研发补贴与研发补贴对新创企业创新产出的非对称影响研究［J］．管理世界，2021，37（3）：137－160.

吴延兵．国有企业双重效率损失研究［J］．经济研究，2012（3）：15－27.

伍健，田志龙，龙晓枫，等．战略性新兴产业中政府补贴对企业创新的影响［J］．科学学研究，2018，36（1）：158－166.

夏力．税收优惠能否促进技术创新：基于创业板上市公司的研究［J］．中国科技论坛，2012（12）：56－61.

谢力．内部控制的三个角：目标、风险与控制［J］．财务与会计，2017（11）：52－54.

辛琳．信息不对称理论研究［J］．嘉兴学院学报，2001（3）：38－42.

熊彼特．经济发展理论［M］．何畏，易家详，等译．北京：商务印书馆，2020.

熊维勤．税收和补贴政策对 R & D 效率和规模的影响：理论与实证研究［J］．科学学研究，2011，（5）：698－706.

徐欣，唐清泉．财务分析师跟踪与企业 R&D 活动：来自中国证券市场的研究［J］．金融研究，2010（12）：173－189.

许瑜，高敏．内部控制、政府支持与企业创新绩效［J］．河南工业大学学报（社会科学版），2019，15（5）：58－65.

严若森，陈静，李浩．基于融资约束与企业风险承担中介效应的政府补贴对企业创新投入的影响研究［J］．管理学报，2020，17（8）：1188－1198.

阎维洁．浅析企业所得税对技术创新的激励作用［J］．科学学与科学技术管理，2007（10）：62－67.

杨道广，王佳妮，陈丽蓉．“矫枉过正”抑或“合理管控”?：内部控制在企业创新中的作用［J］. 经济管理，2019，41（8）：113－129.
杨加猛，李心武. 财税激励政策对企业创新的影响：基于内部控制调节效应的研究［J］. 会计之友，2020（18）：116－121.
杨清香，俞麟，胡向丽. 不同产权性质下股权结构对投资行为的影响：来自中国上市公司的经验证据［J］. 中国软科学，2010（7）：142－150.
杨洋，魏江，罗来军. 谁在利用政府补贴进行创新?：所有制和要素市场扭曲的联合调节效应［J］. 管理世界，2015（1）：75－86.
姚立杰，周颖. 管理层能力、创新水平与创新效率［J］. 会计研究，2018（6）：70－77.
姚子健，李慧妍. 我国地方税收优惠制度的问题与完善：基于对212份税收优惠政策文本的研究［J］. 公共财政研究，2020（6）：34－51，19.
叶红雨，徐雪莲. 政府补贴对高新技术上市公司创新绩效的门槛效应实证研究［J］. 技术与创新管理，2018，39（1）：92－96.
伊诺思. 石油加工业中的发明与创新［M］. 上海：三联书店，1962.
易靖韬，张修平，王化成. 企业异质性、高管过度自信与企业创新绩效［J］. 南开管理评论，2015，18（6）：101－112.
易颜新，裘凯莉. "重奖轻罚"能推动企业创新吗?：基于内部控制与内部治理调节作用的视角［J］. 南京审计大学学报，2020，17（5）：40－50.
曾萍，刘洋，吴小节. 政府支持对企业技术创新的影响：基于资源基础观与制度基础观的整合视角［J］. 经济管理，2016，38（2）：14－25.
张洁. 企业研发投入、资源特征与创新绩效关系研究：组织"行为—特征"匹配视角［J］. 科技进步与对策，2018，35（2）：82－89.
张娟，黄志忠. 内部控制、技术创新和公司业绩：基于我国制造业上市公司的实证分析［J］. 经济管理，2016，38（9）：120－134.
张同斌，高铁梅. 财税政策激励、高新技术产业发展与产业结构调整［J］. 经济研究，2012（5）：58－70.
张先治，戴文涛. 中国企业内部控制评价系统研究［J］. 审计研究，2011，159（1）：69－78.
张艳菲. 财政补贴研究综述及展望［J］. 商业文化，2011（12）：212－213.

郑春美，李佩. 政府补助与税收优惠对企业创新绩效的影响：基于创业板高新技术企业的实证研究［J］. 科技进步与对策，2015，32（16）：83－87.

郑玉. 政府补贴的创新效应：兼论不同类型创新的最适补贴区间［J］. 经济经纬，2020，37（4）：142－149.

中共中央，国务院. 中共中央、国务院关于加强技术创新，发展高科技，实现产业化的决定：中发〔1999〕14号［EB/OL］.（1999－08－20）［2023－01－09］. https://www.most.gov.cn/zxgz/gxjscykfq/wj/200203/t20020315_9009.html.

中华人民共和国财政部，中国证券监督管理委员会，中华人民共和国审计署，中国银行保险监督管理委员会. 企业内部控制基本规范企业内部控制配套指引（2021年版含企业内部控制配套指引解读）［M］. 上海：立信会计出版社，2021.

中华人民共和国国务院办公厅. 国务院办公厅关于落实中共中央国务院关于促进中部地区崛起若干意见有关政策措施的通知：国办函〔2006〕38号［EB/OL］.（2006－05－19）［2023－01－09］. http://www.gov.cn/zhengce/content/2008－03/28/content_1984.htm.

中华人民共和国国务院办公厅. 国务院办公厅转发国务院西部开发办关于西部大开发若干政策措施实施意见的通知：国办发〔2001〕73号［EB/OL］.（2001－09－29）［2023－01－09］. http://www.gov.cn/gongbao/content/2001/content_61158.htm.

中华人民共和国国务院. 国家中长期科学和技术发展规划纲要（2006—2020年）［EB/OL］.（2005－12－30）［2023－01－09］. http://www.gov.cn/gongbao/content/2006/content_240244.htm.

钟凯，吕洁，程小可. 内部控制建设与企业创新投资：促进还是抑制?：中国“萨班斯”法案的经济后果［J］. 证券市场导报，2016（9）：30－38.

周京奎，王文波. 政府补贴如何影响企业创新?：来自中国工业企业的证据［J］. 河北经贸大学学报，2020，41（3）：14－23.

周燕，潘遥. 财政补贴与税收减免：交易费用视角下的新能源汽车产业政策分析［J］. 管理世界，2019，35（10）：133－149.

朱平芳，徐伟民. 政府的科技激励政策对大中型工业企业 R&D 投入及其专利产出的影响：上海市的实证研究［J］. 经济研究，2003（6）：45－53.

邹洋，聂明明，郭玲，等. 财税政策对企业研发投入的影响分析［J］. 税务研究，2016（8）：42－46.

ABDIOGLU N，KHURSHED A，STATHOPOULOS K. Firm innovation and institutional investment：the role of the *Sarbanes-Oxley Act*［J］. The European journal of finance，2013，21：71－92.

AGHION P，DEWATRIPONT M，DU L，et al. Industrial policy and competition［R］. Cambridge：Harvard University，2012.

ARROW K J. The economic implications of learning by doing［J］. The review of economic studies. 1962，29（3）：155－173.

ASHBAUGH-SKAIFE H，COLLINS D W，KINNEY W R，et al. The effect of SOX internal control deficiencies on firm risk and cost of equity［J］. Journal of accounting research，2009，47（1）：1－43.

BARGERON L L，LEHN K M，ZUTTER C J. Sarbanes-Oxley and corporate risk-taking［J］. Journal of accounting and economics，2010，49（1）：34－52.

BARON R M，KENNY D A. The moderator-mediator variable distinction in social psychological research：conceptual，strategic，and statistical considerations［J］. Journal of personality and social psychology，1986，51（6）：1173－1182.

BARRON D N，WEST E，HANNAN M T. A time to grow and a time to die：growth and mortality of credit unions in New York City，1914－1990［J］. American journal of sociology，1994，100（2）：381－421.

BÉDU N，VANDERSTOCKEN A. Do regional R&D subsidies foster innovative SMEs' development：evidence from Aquitaine SMEs［J］. European planning studies，2020，28（8）：1575－1598.

BELDERBOS R，TONGT W，WU S. Multinationality and downside risk：the roles of option portfolio and organization [J]. Strategic management journal, 2014, 35 (1): 88 - 106.

BIANCHINI S, LLERENA P, MARTINO R. The impact of R&D subsidies under different institutional frameworks [J]. Structural change and economic dynamics, 2019, 50: 65 - 78.

BLOOM N, GRIFFITH R, VAN REENEN J. Do R&D tax credits work? Evidence from a panel of countries 1979 - 1997 [J]. Journal of Public Economics, 2002, 85 (1): 1 - 31.

BOEING P. The allocation and effectiveness of China's R&D subsidies-evidence from listed firms [J]. Research policy, 2016, 45 (9): 1774 - 1789.

BRANSTETTER L G, SAKAKIBARA M. When do research consortia work well and why? Evidence from Japanese panel data [J]. American economic review, 2002, 92 (1): 143 - 159.

BRONWYN H H, MAIRESSE J. Exploring the relationship between R&D and productivity in French manufacturing firms [J]. Journal of econometrics, 1995, 65 (1): 263 - 293.

BRONZINI R, PISELLI P. The impact of R&D subsidies on firm innovation [J]. Research policy, 2016, 45 (2): 442 - 457.

BUSOM I. An empirical evaluation of the effects of R&D subsidies [J]. Economics of innovation and new technology, 2000, 9 (2): 111 - 148.

CAPRON H, POTTELSBERGHE B V. Public support to business R&D: a survey and some new quantitative evidence [J]. Policy evaluation in innovation and technology, 1997 (10): 172 - 187.

CHIAPPINI R, MONTMARTIN B, POMMET S, et al. Can direct innovation subsidies relax SMEs' financial constraints? [J]. Research policy, 2022, 51 (5): 104493.

CLAUDIO C C, CRISTINA B S, TERESA G M. You can't manage right what you can't measure well: technological innovation efficiency [J]. Research policy, 2013, 42 (6): 1239 - 1250.

CLAUSEN T H. Do subsidies have positive impacts on R&D and innovation activities at the firm level? [J]. Structural change and economic dynamics, 2009, 20 (4): 239-253.

CRUZ-CÁZARES C, BAYONA-SÁEZ C, GARCÍA-MARCO T. You can't manage right what you can't measure well: technological innovation efficiency [J]. Research policy, 2013, 42 (6): 1239-1250.

CZARNITZKI D, FIER A. Do innovation subsidies crowd out private investment? Evidence from the German service sector [J]. Applied economics quarterly, 2002, 48 (2): 1-23.

CZARNITZKI D, HANEL P, ROSA J M. Evaluating the impact of R&D tax credits on innovation: a microeconometric study on Canadian firms [J]. Research policy, 2011, 40 (2): 217-229.

DOSI G, MARENGO L, PASQUALI C. How much should society fuel the greed of innovators? On the relations between appropriability, opportunities and rates of innovation [J]. Research policy, 2006, 35 (8): 1110-1121.

DOUGHERTY D, HARDY C. Sustained product innovation in large, mature organizations: overcoming innovation-to-organization problems [J]. Academy of management journal, 1996: 39 (5): 1120-1153.

DOYLE J T, GE W, MCVAY S. Accruals quality and internal control over financial reporting [J]. The accounting review, 2007, 82 (5): 1141-1170.

EISNER R, ALBERT S H, SULLIVAN M A. The new incremental tax credit for R&D: incentive or disincentive? [J]. National tax journal, 1984, 37 (2): 171-183.

ENGEL D, ROTHGANG M, ECKL V. Systemic aspects of R&D policy: subsidies for R&D collaborations and their effects on private R&D [J]. Industry and innovation, 2016, 23 (2): 206-222.

FABIANI S, SBRAGIA R. Tax incentives for technological business innovation in Brazil: the use of the good law—Lei do Bem [J]. Journal of technology management & innovation, 2014, 9 (4): 53-63.

FLORIAN S. Do research subsidies crowd out private R&D of large firms? Evidence from European framework programmes [J]. Research policy, 2020, 49 (3): 3 - 13.

FREEMAN C, CLARK J, SOETE L. Unemployment and technical innovation: a study of long waves and economic development [M]. Westport, Connecticut: Greenwood Press, 1982.

GRECO M, GRIMALDI M, CRICELLI L. Hitting the nail on the head: exploring the relationship between public subsidies and open innovation efficiency [J]. Technological forecasting & social change, 2017, 118: 213 - 225.

GREENWALD B C, STIGLITZ J E. Externalities in economies with imperfect information and incomplete markets [J]. Quarterly journal of economics, 1986, 101: 229 - 264.

GRIMPE C, SOFKA W, BHARGAVA M, et al. R&D, marketing innovation, and new product performance: a mixed methods study [J]. Journal of product innovation management, 2017, 34 (3): 360 - 383.

GUELLEC D, POTTELSBERGHE B V. The effect of public expenditure to business R&D [R]. Paris: OECD STI working papers, 2000.

GUELLEC D, POTTELSBERGHE B V. The impact of public R&D expenditure on business R&D [J]. Economics of innovation and new technology, 2003, 12 (3): 225 - 243.

GUELLEC D, POTTERIE B V P D L. From R&D to productivity growth: do the institutional settings and the source of funds of R&D matter? [J]. Oxford bulletin of economics and statistics, 2004, 66 (3): 353 - 378.

GUO D, GUO Y, JIANG K. Government-subsidized R&D and firm innovation: evidence from China [J]. Research policy, 2016, 45 (6): 1129 - 1144.

HALL B H, HARHOFF D. Recent research on the economics of patents [J]. Annual review of economics, 2012, 4 (1): 541 - 565.

HALL B H, MAIRESSE J. Exploring the relationship between R&D and productivity in French manufacturing firms [J]. Journal of econometrics, 1995, 65 (1): 263 - 293.

HALL L A, BAGCHI-SEN S. A study of R&D, innovation, and business performance in the Canadian bio-technology industry [J]. Technovation, 2002, 22 (4): 231 -244.

HAMBERG D. R & D: essays on the economics of research and development [M]. New York: Random House, 1966.

HANSEN B E. Threshold effects in non-dynamic panels: estimation, testing, and inference [J]. Journal of econometrics, 1999, 93 (2): 345 -368.

HAYES A F. Introduction to mediation, moderation, and conditional process analysis: a regression-based approach [M]. New York: The Guilford press, 2013.

HELLMAN J S, JONES G, KAUFMANN D. Seize the state, seize the day: state capture and influence in transition economies [J]. Journal of comparative economics, 2003, 31 (4): 751 -777.

HEUTEL G. Crowding out and crowding in of private donations and government grants [J]. Public finance review, 2014, 42 (2): 143 -175.

HEWITT-DUNDAS N, ROPER S. Output additionality of public support for innovation: evidence for Irish manufacturing plants [J]. European planning studies, 2010, 18 (1): 107 -122.

HINLOOPEN J. Subsidizing cooperative and non-cooperative R&D in duopoly with spillovers [J]. Journal of economics, 1997, 66 (2): 151 -175.

HOSKISSON R E, HARRISON J S, DUBOFSKY D A. Capital market evaluation of M-form implementation and diversification strategy [J]. Strategic management journal, 1991, 12 (4): 271 -279.

HOTTENROTT H, LOPES-BENTO C, VEUGELERS R. Direct and cross-scheme effects in a research and development subsidy program [J]. Research policy, 2017, 46 (6): 1118 -1132.

HUANG K F, LIN K H, WU L Y, et al. Absorptive capacity and autonomous R&D climate roles in firm innovation [J]. Journal of business research, 2015, 68 (1): 87 -94.

HUD M, HUSSINGER K. The impact of R&D subsidies during the crisis [J].

Research policy, 2015, 44 (10): 1844 - 1855.

HUSSINGER K. R&D and subsidies at the firm level: an application of parametric and semiparametric two step selection models [J]. Journal of applied econometrics, 2008, 23 (6): 729 - 747.

JENSEN M C. The modern industrial revolution, exit, and the failure of internal control systems [J]. Journal of finance, 1993, 48 (3): 831 - 880.

KAPLAN R S, NORTON D P. The balanced scorecard: translating strategy into action [M]. Boston, Mass: Harvard Business Press, 1996.

KARHUNEN H, HUOVARI J. R&D subsidies and productivity in SMEs [J]. Small business economics, 2015, 45 (4): 805 - 823.

LEE J W. Government interventions and productivity growth in Korean manufacturing industries [J]. Journal of economic growth, 1996, 1 (3): 391 - 414.

LEE M H, HWANG I J. Determinants of corporate R&D investment: an empirical study comparing Korea's IT industry with its non-IT industry [J]. ETRI journal, 2003, 25 (4): 258 - 265

LEE R P, CHEN Q. The immediate impact of new product introductions on stock price: the role of firm resources and size [J]. Journal of product innovation management, 2009, 26 (1): 97 - 107.

LEVY D M, TERLECKYJ N E. Effects of government R&D on private R&D investment and productivity: a macroeconomic analysis [J]. The Bell journal of economics, 1983, 14 (2): 551 - 561.

LICHTENBERG F R. The relationship between federal contract R&D and company R&D [J]. The American economic review, 1984, 74 (2): 73 - 78.

LIN C, LIN P, SONG F M. Property rights protection and corporate R&D: evidence from China [J]. Journal of development economics, 2010, 93 (1): 49 - 62.

LINK A N. An analysis of the composition of R&D spending [J]. Southern economic journal, 1982, 49 (2): 342 - 349.

LOS B, VERSPAGEN B. R&D Spillovers and productivity: evidence from US manufacturing microdata [J]. Empirical economics, 2000, 25 (1): 127 - 148.

LUCAS R E. On the mechanics of economic development [J]. Journal of monetary economics, 1988, 22 (1): 3 - 42.

LUONG H, MOSHIRIAN F, NGUYEN L, et al. How do foreign institutional investors enhance firm innovation? [J]. Journal of financial and quantitative analysis, 2017, 52 (4): 1449 - 1490.

MANSFIELD E, SWITZER L. How effective are Canada's direct tax incentives for R&D? [J]. Canadian public policy, 1985, 11 (2): 241 - 246.

NADIRI M I, MAMUNEAS T P. The effects of public infrastructure and R&D capital on the cost structure and performance of U. S. manufacturing industries [J]. Review of economics & statistics, 1994, 76 (1): 22 - 37.

O'CONNOR M, RAFFERTY M. Corporate governance and innovation [J]. Journal of financial and quantitative analysis, 2012, 47 (2): 397 - 413.

PORCANO T M. Corporate tax rates: progressive, proportional, or regressive [J]. Journal of the American taxation association, 1986, 7 (2): 17 - 31.

PREACHER K J, RUCKER D D, HAYES A F. Addressing moderated mediation hypotheses: theory, methods, and prescriptions [J]. Multivariate behavioral research, 2007, 42 (1): 185 - 227.

RAYMOND L, ST-PIERRE J. R&D as a determinant of innovation in manufacturing SMEs: an attempt at empirical clarification [J]. Technovation, 2010, 30 (1): 48 - 56.

RIBSTEIN L E. Market vs. regulatory responses to corporate fraud: a critique of the *Sarbanes-Oxley Act of* 2002 [J]. Journal of corporation law, 2002, 28 (1): 1 - 67.

ROMER P M. Endogenous technological change [J]. Journal of political economy, 1990, 98 (5): S71 - S102.

RYOO S. Long waves and short cycles in a model of endogenous financial fragility [J]. Journal of economic behavior & organization, 2010, 74 (3):

163 – 186.

SAMUELSON P A, NORDHAUS W D. Economics [M]. Las Vegas: Las Vegas Business Press, 1985.

SANTOLERI P, MINA A, DI MININ A, et al. The causal effects of R&D grants: evidence from a regression discontinuity [J/OL]. SSRN electronic journal (2020 – 06 – 29) [2023 – 01 – 09]. https://www.researchgate.net/publication/343141706_The_Causal_Effects_of_RD_Grants_Evidence_from_a_Regression_Discontinuity.

SKAIFE H A, VEENMAN D, WANGERIN D. Internal control over financial reporting and managerial rent extraction: evidence from the profitability of insider trading [J]. Journal of accounting & economics, 2013, 55 (1): 91 – 110.

SOLOMON D, BRYAN-LOW C. Companies complain about cost of corporate-governance rules [N]. The wall street journal, 2004 – 02 – 10 (A1).

STIGLITZ J E, WEISS A. Credit rationing in markets with imperfect information [J]. American economic review, 1981, 17 (3): 393 – 410.

SUN W, YIN K, LIU Z. Tax incentives, R&D manipulation, and corporate innovation performance: evidence from listed companies in China [J]. Sustainability, 2021, 13 (21): 1 – 16.

SUN X, YU R, WANG Y, et al. Do government subsidies stimulate firms, R&D efforts? Empirical evidence from China [J]. Asian journal of technology innovation, 2020, 28 (2): 163 – 180.

SZÜCS F. Do research subsidies crowd out private R&D of large firms? Evidence from European framework programmes [J]. Research policy, 2020, 49 (3): 103923. 1 – 103923. 13.

TAN Y, TIAN X, ZHANG X, et al. Privatization and innovation: evidence from a quasi-natural experiment in China [J]. Social Science Electronic Publishing, 2014: 2433824.

TASSEY G. Policy issues for R&D investment in a knowledge-based economy [J]. The journal of technology transfer, 2004, 29 (2): 153 – 185.

TÖDTLING F, LEHNER P, KAUFMANN A. Do different types of innovation rely on specific kinds of knowledge interactions? [J]. Technovation, 2009, 29 (1): 59 -71.

TOMLINSON P. Co-operative ties and innovation: some new evidence for UK manufacturing [J]. Research policy, 2010, 39 (6): 762 -775.

TONG T W, HE W, HE Z L, et al. Patent regime shift and firm innovation: evidence from the second amendment to China's patent law [J]. Academy of management proceedings, 2014 (1): 141 -174.

TSE C H, YIM C K B, YIN E, et al. R&D activities and innovation performance of MNE subsidiaries: the moderating effects of government support and entry mode [J]. Technological forecasting & social change, 2021, 166 (5): 120603.

WALLSTEN S J. The effect of government-industry R&D programs on private R&D: the case of the small business innovation research program [J]. Rand journal of economic, 2000, 31 (1): 82 -100.

WOLFF G B, REINTHALER V. The effectiveness of subsidies revisited: accounting for wage and employment effects in business R&D [J]. Research policy, 2008, 37 (8): 1403 -1412.

YI J, HONG J, HSU W C, et al. The role of state ownership and institutions in the innovation performance of emerging market enterprises: evidence from China [J]. Technovation, 2017, 62/63: 4 -13.

YU F, GUO Y, LE-NGUYEN K, et al. The impact of government subsidies and enterprises' R&D investment: a panel data study from renewable energy in China [J]. Energy policy, 2016, 89: 106 -113.

ZHANG A, ZHANG Y, ZHAO R. A study of the R&D efficiency and productivity of Chinese firms [J]. Journal of comparative economics, 2003, 31 (3): 444 -464.

ZHANG I X. Economic consequences of the *Sarbanes Oxley Act* of 2002 [J]. Journal of accounting and economics, 2007, 44 (1): 74 -115.

ZHANG X J. The impact of government R&D subsidies on enterprise technology innovation: based on evidence from Chinese listed companies [J]. American journal of industrial and business management, 2019, 9 (3): 720-742.

ZHANG Y, LI H, LI Y, et al. FDI spillovers in an emerging market: the role of foreign firms' country origin diversity and domestic firms' absorptive capacity [J]. Strategic management journal, 2010, 31 (9): 969-989.

ZHONG R I. Transparency and firm innovation [J]. Journal of accounting and economics, 2018, 66 (1): 67-93.

innovation: based on evidence from Chinese listed companies [J]. American journal of industrial and business management, 2019, 9 (3): 720–743.

ZHANG Y, LI H, LI Y, et al. FDI spillovers in an emerging market: the role of foreign firms' country origin diversity and domestic firms' absorptive capacity [J]. Strategic management journal, 2010, 31 (9): 969–989.

ZHONG R I. Transparency and firm innovation [J]. Journal of accounting and economics, 2018, 66 (1): 67–93.